Die Herzogthümer

seit dem 15. November 1863.

Zweiter unveränderter Abdruck.

Berlin.

Verlag von Julius Springer.

1866.

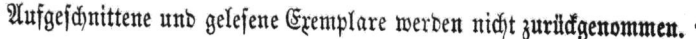

Berlin

Verlag von Julius Springer

1886

Die Herzogthümer

seit dem 15. November 1863.

Zweiter unveränderter Abdruck.

Berlin.

Verlag von Julius Springer.

1866.

ISBN-13: 978-3-642-94121-4   e-ISBN-13: 978-3-642-94521-2
DOI:10.1007/978-3-642-94521-2

I.

Die allgemeine Reaction, welche auf die Bewegung von 1848—50 folgte, konnte sich, wie die Dinge lagen, nirgends fühlbarer machen, als in den Herzogthümern Schleswig-Holstein. Hier handelte es sich nicht um das Scheitern politischer Ideale, deren Verwirklichung bei dem Gange der europäischen Entwickelung theils nur eine Frage der Zeit sein konnte, theils bei nüchterner Ueberlegung nicht mehr erstrebenswerth erscheinen mochte. Hier war ein Stand der Dinge eingetreten und durch einen feierlichen europäischen Vertrag besiegelt worden, der die nationale Zukunft des Landes selbst um so ernstlicher bedrohte, als er unter Umständen zu Stande gekommen war, welche jede Hoffnung auf einen Umschwung derzeit als thörichten Sanguinismus erscheinen ließen. Diese Situation fand ihren entsprechenden Ausdruck in der Stimmung des Landes, da sie trostloser nicht gedacht werden konnte. In Schleswig gingen Pessimismus und Verbitterung gegen Deutschland so weit, daß man eine Zeitlang nicht abgeneigt schien, sich den Dänen in die Arme zu werfen. Die rücksichtslose Gewaltsamkeit, mit welcher die Kopenhagener Propaganda ihre Ziele verfolgte, mußte diesen Wunsch freilich sehr bald ersticken und erneuerte Opposition hervorrufen. Allein diese zeigte im Ganzen weder Frische noch Trotz. Ermüdet und abgehetzt, beschränkte sie sich auf ein dumpfes Widerstreben gegen die dänischen Bestrebungen. In Holstein wurde der äußere Druck zwar nicht so unmittelbar empfunden, allein die Hoffnungslosigkeit der Situation wirkte auch hier dermaßen lähmend auf die Gemüther, daß es den Wenigen, welche damals den Glauben an die nationale Sache nicht aufgegeben hatten, unmöglich wurde, der lethargischen Gleichgültigkeit der Massen gegen-über politische Thätigkeit zu entwickeln.

Unter diesen Umständen konnte es der einzigen Richtung im Lande, welche von der Zeitströmung bis zu einem gewissen Grade begünstigt wurde, der deutsch-gesammtstaatlichen, nicht schwer fallen, sich

überwiegenden Einfluß auf den Gang der öffentlichen Dinge zu verschaf=
fen, um so weniger, als sie in Baron Scheel=Plessen einen Führer be=
saß, dessen hervorragende staatsmännische Befähigung jederzeit auch von
seinen entschiedensten Gegnern anerkannt worden ist.

Zunächst trat dieses Verhältniß in der Ständeversammlung her=
vor, dem einzigen Organe, welches der öffentlichen Meinung des Lan=
des noch geblieben war. Baron Plessen, seit 1855 ritterschaftliches
Mitglied dieser Körperschaft und sehr bald zum Präsidenten derselben
erwählt, wußte seinen Parteianschauungen einen Einfluß auf die Ver=
handlungen zu verschaffen, der zu der Zahl der aufrichtigen Anhänger
seines Programms in keinem Verhältniß stand und deshalb von seinen
Gegnern wohl als Terrorismus bezeichnet zu werden pflegte. Und
es ist gewiß, daß er seine Ueberlegenheit über die im Ganzen weder
durch Geist, noch durch Bildung hervorragende Versammlung mit staats=
männischer Rücksichtslosigkeit benutzt hat. Die Verhandlungen jener
Zeit tragen fast durchweg einen Charakter, welcher weder mit der öffent=
lichen Meinung des Landes, wie matt und energielos sie sich zeigte,
noch mit dem nationalen Nimbus, welcher südlich der Elbe den Stände=
saal zu Itzehoe umgab, in Einklang zu bringen war.

Dies ward erst anders, als im Jahre 1859 Theodor Lehmann
in die Ständeversammlung eintrat. Lehmann war bis dahin nur
Mitglied des Kieler Stadtverordneten=Collegiums gewesen, hatte sich
indessen schon in dieser Stellung einen weit über die Grenzen seiner
localen Wirksamkeit hinausgehenden Ruf zu verschaffen gewußt. Lehmann
gehörte der Partei an, die, über die Grenzen der Herzothümer hin=
ausblickend, in der Verwirklichung des nationalen Einheitsgedankens ihr
eigentliches und letztes Ziel erkannte, und nicht in dem staatsrechtlichen,
sondern allein in dem nationalen Element der Schleswig=Holsteinischen
Bewegung die weltgeschichtliche Berechtigung des Kampfes gegen Dänemark
sah. Er war nun entschlossen, diesen nationalen Standpunkt, an welchen
er und seine Gesinnungsgenossen trotz aller Ungunst der Zeit festhielten,
wieder zu der Geltung zu bringen, die er in einer holsteinischen Landes=
vertretung nie hätte verlieren dürfen. Er hat sich seiner schwierigen
Aufgabe gewachsen gezeigt. Zwar gelang es ihm während der Diät
von 1859 noch nicht, sachlich bestimmend auf die Verhandlungen ein=

zuwirken. Bekanntlich setzte Baron Plessen gerade damals die An=
nahme eines Verfassungsberichtes durch, welcher eine stricte Anerkennung
des in der Bekanntmachung vom 28. Januar 1852 aufgestellten ge=
sammtstaatlichen Programms enthielt. Allein Plessen sah sich doch ge=
nöthigt, mit Lehmann zu „rechnen" und Rücksichten auf ihn zu nehmen,
welche er seinen Collegen gegenüber sonst für unnöthig gehalten
hatte. Lehmann kehrte mit dem Rufe einer ebenbürtigen Capacität
nach Kiel zurück, und Plessen war der Erste, ihm dies in der unum=
wundensten Weise zu bezeugen. Durch diesen Erfolg ermuthigt, faßte
er den Vorsatz, nun auch außerhalb der Ständeversammlung für die
Wiederbelebung des nationalen Gedankens thätig zu sein, und fand sich
hierin um so mehr bestärkt, als sich gerade damals die deutschen Dinge
wieder etwas freundlicher gestalten zu wollen schienen. Die stumpfe
Apathie, welche seit 1850 auf der Nation gelastet hatte, war im
Frühjahr 1859 fast vollständig verschwunden. Im Süden waren die
Gemüther durch den italienischen Krieg leidenschaftlich erregt, im Nor=
den hatte die Regentschaft in Preußen ein lebendiges politisches Leben
hervorgerufen. Die Wechselwirkung dieser beiden Factoren gab den
Anstoß zu einer nationalen Bewegung, welche seitdem freilich resultat=
los im Sande verlaufen ist, die aber damals in Norddeutschland
wenigstens um so mehr Sympathien finden mußte, als sie den Ge=
danken der preußischen Hegemonie aufrichtig zum Ausgangspunkte
gemacht zu haben schien.

Diese Bewegung der Gemüther konnte an den Herzogthümern
nicht spurlos vorübergehen. Wenn man auch weit entfernt war, san=
guinischen Erwartungen Raum zu geben, so war doch das Interesse
an politischen Dingen wieder erwacht, die Gemüther zeigten sich empfäng=
lich für Fragen, die man bisher theils aus Aengstlichkeit, theils aus
wirklicher Abneigung unberührt gelassen hatte. Diese Stimmung
glaubten Lehmann und seine Freunde, darunter besonders Graf Lud=
wig Reventlow und die Advocaten Römer und Rave nicht un=
genutzt vorübergehen lassen zu dürfen. Sie beschlossen die Gründung
einer Partei, deren nächste Aufgabe sein sollte, den Gedanken der völ=
ligen Trennung von Dänemark in den Massen neu zu beleben oder
vielmehr zu jener völligen Klarheit zu entwickeln, welche während der

Bewegung von 1848—50 bekanntlich nur bei Wenigen zu finden war. In dieser Richtung allein konnte, wie die Dinge in den Herzogthümern lagen, eine praktische Thätigkeit von der Partei entwickelt werden. Als die geeignetste Form erschien der Anschluß an den Nationalverein, der sich die Aufgabe gestellt hatte, für ganz Deutschland zu sein, was Lehmann und seine Freunde für Schleswig-Holstein begründen wollten. Am 13. Januar 1861 constituirte sich die Partei in Kiel, indem eine Anzahl Männer das von Lehmann vorgelegte Programm einstimmig genehmigte, welches den „Anschluß der Herzogthümer an das unter Preußens Führung centralisirte Deutschland" verlangte. Mehr ließ sich bei Vermeidung einer Anklage auf Hochverrath öffentlich nicht aussprechen. Im Stillen gingen die Wünsche jedoch viel weiter. Der Beifall, mit welchem ein von Römer am Abend noch des 13. Januar auf die „schwarz-weiße Fahne" ausgebrachter Toast von den Parteigenossen aufgenommen wurde, ließ deutlich durchblicken, wohin sich die Sympathien der Versammlung neigten und was man im Grunde unter dem „Anschluß an Deutschland" verstanden wissen wollte. In der That war wenigstens bei den Führern die Sympathie für Preußen der Hauptgrund ihres Beitritts zum Nationalverein. Lehmann selbst dachte entschieden so. Ein Trinkspruch, den er am 14. Januar desselben Jahres in der Kieler Harmonie auf „Wilhelm den Eroberer" ausbrachte, ließ darüber keinen Zweifel. Noch unumwundener äußerte er sich in einem Gespräch mit Römer über diesen Gegenstand. Dieser hatte gesagt: an der Selbstständigkeit der Herzogthümer unter der Augustenburgischen Dynastie sei ihm nichts gelegen; das Ziel der nationalen Partei könne vernünftiger Weise nur die Einverleibung des Landes in Preußen sein. Lehmann antwortete darauf: Ja, ein preußischer Oberpräsident in Kiel, das wäre auch mein Ideal.

Die Führer der neuen Partei hatten sich zu keiner Zeit Illusionen darüber gemacht, daß eine directe Betheiligung der Massen an ihren Bestrebungen nicht zu erwarten sei. Es bedeutete deßhalb keinen Mißerfolg für sie, daß in der That nur einige hundert Mitglieder, ausschließlich den gebildeten Ständen Holsteins angehörig, der Partei beitraten, um so weniger, als ihr und vielleicht noch mehr ihres Führers

Einfluß auf die öffentliche Meinung sehr bald allgemein empfunden wurde. Am deutlichsten in der veränderten Haltung der Ständeversammlung von 1861. Der Einfluß der gesammtstaatlichen Richtung ließ sich zwar nicht beseitigen, allein man sah sich genöthigt, mit Lehmann eine Verständigung herbeizuführen, als deren Ergebniß der von diesem verfaßte Verfassungsbericht für 1861 zu betrachten ist. Derselbe enthielt zwar nicht Alles, was Lehmann vom Standpunkt der nationalen Partei gerne hineingebracht hätte, allein er stellte sich im Gegensatz zu der gesammtstaatlichen Tendenz der Adresse von 1859 entschieden auf den Boden des Landesrechts und protestirte in energischer Sprache gegen die Willkürhandlungen, welche sich die dänische Regierung als Werkzeug der nationalen demokratischen Propaganda in Schleswig zu Schulden kommen ließ. Der Eindruck auf die öffentliche Meinung war bedeutend. Es herrschte eine gehobene Stimmung, wie man sie seit zehn Jahren nicht gekannt hatte.

Die Annäherung zwischen Lehmann und Plessen führte dann bald zu einem weiteren Schritt, der in der Folge für den festeren Zusammenhalt und den Einfluß der nationalen Partei von wesentlicher Bedeutung geworden ist. Schon seit längerer Zeit bestand ein sogenanntes Preßcomité der Ständeversammlung, dessen hauptsächliche Mitglieder seit der Diät von 1861 eben Plessen und Lehmann waren. Der Zweck desselben war bis dahin wesentlich darauf beschränkt gewesen, die zahlreichen diplomatischen und ständischen Actenstücke zur Schleswig-Holsteinischen Frage in gedruckten Sammlungen dem Publikum zugänglich zu machen und in auswärtigen und deutschen Blättern die leitenden Gesichtspunkte der ständischen Thätigkeit darzulegen. Zu Anfang 1862 machte Lehmann den Vorschlag, mit den Mitteln des Preßcomités eine politische Wochenschrift zu begründen, die sich so recht ex professo die Vertretung der politischen Interessen der Herzogthümer angelegen sein lassen und für eine Lösung der deutschdänischen Frage im nationalen Sinne wirken sollte. Bei den im Lande herrschenden Censurverhältnissen schien es nothwendig, dieselbe in Hamburg erscheinen zu lassen. Plessen und die übrigen Mitglieder genehmigten den Plan. Alsbald ward mit dem Eigenthümer des von Dr. Paul Ingwersen in Hamburg gegründeten „Norddeutschen

Grenzboten" eine Vereinbarung getroffen, welche dies Blatt zur
Verfügung des Preßcomités stellte. Durch die Uebertragung der Re=
daction an Einen seiner nächsten politischen Freunde, den damals in
Elmshorn domizilirten Advocaten Römer, wußte Lehmann von vorn=
herein sich und seiner Richtung den hauptsächlichen Einfluß auf die Hal=
tung des gemeinschaftlichen Organs zu sichern. So erreichte er es,
daß das Blatt sehr bald der Sammelpunkt aller geistig regsameren
Capazitäten der nationalen Partei wurde und seine Stellung auch dann
noch zu behaupten vermochte, als seit dem die Incorporirung Schles=
wigs einleitenden Erlaß der dänischen Regierung vom 13. März 1863
die Wege der verschiedenen Parteien sich schärfer zu trennen begannen.

Im Sommer 1862 starb Theodor Lehmann. Sein Ver=
lust durfte mit Recht ein unersetzlicher genannt werden. Denn ob=
schon es unter seinen Parteigenossen an Männern von politischer Be=
fähigung und patriotischer Hingebung keineswegs fehlte, so besaß doch
keiner von ihnen die eigenthümliche Begabung, welche Lehmann zum
gebornen Parteiführer machte und durch die er sich jene unschätzbare
Autorität erworben hatte, auf welche das Streben des practischen Po=
litikers vor allem gerichtet sein muß. Die Ungunst der äußeren Ver=
hältnisse machte den schweren Schlag noch fühlbarer.

In Preußen schien man weniger als je zu energischem Vorgehen
in der Schleswig=Holsteinischen Sache geneigt. Der dort eben aus=
gebrochene Verfassungsstreit machte seine verstimmenden Wirkungen in
ganz Deutschland geltend, und die Nationalvereinspartei konnte sich dem=
selben am wenigsten entziehen; die Bewegung drohte zu erlahmen.
Man suchte sie künstlich wieder zu beleben, proclamirte die Reichsver=
fassung und gerieth damit auf einen Abweg, der den Verein schließlich
ins particularistische Lager geführt hat.

Die Rückwirkung dieser unerfreulichen Zustände mußte sich auch
in den Herzogthümern fühlbar machen. Die gedrückte Stimmung
spiegelte sich in den Verhandlungen der Ständeversammlung von 1863.
Mit Lehmann hatte die den Gesammtstaat bekämpfende Opposition
ihre Seele verloren. Baron Plessen herrschte wieder unumschränkt,
und es fehlte nur wenig, daß es seinen Freunden gelungen wäre, einen
Antrag auf Bewilligung einer Apanage für die Tochter des dänischen

Thronfolgers durchzuseßen, womit ein bedenkliches Präjudiz für die Anerkennung des Thronfolgegeseßes von 1853 geschaffen worden wäre.

Die niederschlagenden Wirkungen dieser Vorgänge auf die Stimmung des Landes wurden im Frühling und Sommer 1863 durch die seit der Bekanntmachung vom 30. März näher gerückte Aussicht auf Bundesexecution gegen Dänemark wenigstens bei dem gebildeten Theil der Bevölkerung in Etwas modificirt. Bei aller Verbitterung und allem Mißtrauen gegen Deutschland knüpfte sich an diese Aussicht doch vielfach die Hoffnung auf Verwicklungen, welche den Bund vielleicht nöthigen würden, über die Gränzen einer bloßen Execution hinauszugehen.

Erwägungen solcher Art waren es vorzugsweise, welche die Führer der nationalen Partei nach dem Bruch mit der immer noch auf Aussöhnung mit Dänemark hoffenden Partei bestimmten, die sich darbietenden Anknüpfungspunkte zu einer Verständigung mit dem Hause Augustenburg oder vielmehr mit dem seit dem Verzicht seines Vaters allein in Betracht kommenden Erbprinzen Friedrich nicht von der Hand zu weisen. Bisher waren dieselben vermieden worden, theils weil die nationale Partei wenigstens in ihren bedeutendsten Elementen einer durch die Augustenburgische Erbfolge präjudicirten Lösung der Schleswig-Holsteinischen Frage entschieden abgeneigt war, theils weil dieses Haus im Lande durchweg viel zu unpopulär, der Prinz Friedrich speziell aber viel zu wenig bekannt war, als daß man hoffen durfte, eine Verbindung mit denselben politisch verwerthen zu können. Wenn man jetzt anfing, eine Annäherung an ihn für wünschenswerth zu halten, so geschah dies unbeschadet des Standpunkts der nationalen Partei lediglich aus dem Grunde, weil man sich nicht verhehlen konnte, daß Angesichts der vielleicht bevorstehenden entscheidenden Ereignisse und bei dem Mangel an Ehrgeiz und Energie, der die preußische Politik damals zu charakterisiren schien, die Erbansprüche des Prinzen möglicherweise von Bedeutung werden könnten, und weil man es für Pflicht hielt, kein Mittel unbenußt zu lassen, das zur Erreichung des ersten und wichtigsten Zweckes, der Trennung von Dänemark, benußt werden konnte. Römer und Rave machten dem Erbprinzen bei seiner Anwesenheit in Hamburg, im Juli 1863, einen Besuch, um sich über die Stellung desselben zur Schleswig-Holsteinischen Sache zu unter-

richten. Der einfachste Weg schien dazu, ihn vorweg mit dem Standpunkt der nationalen Partei bekannt zu machen. Römer sagte ihm
deshalb offen, daß das ursprüngliche und eigentliche Ziel derselben die Einverleibung der Herzogthümer in Preußen
sei. Der Prinz widersprach nicht nur nicht, sondern erklärte, seinerseits einer solchen Lösung kein Hinderniß in den Weg legen zu wollen, falls sie von Preußen wirklich intendirt
werden sollte. Er glaubte indeß mit Grund bezweifeln zu dürfen,
daß derartige Pläne, sei es unter dem gegenwärtigen, sei es unter
dem künftigen König, jemals von der Berliner Regierung ernstlich
ins Auge gefaßt werden würden, und bezog sich für diesen seinen Glauben auf seine genaue Bekanntschaft mit den in Betracht kommenden
Persönlichkeiten, ein Argument, gegen dessen Richtigkeit sich unter damaligen Umständen nicht viel einwenden zu lassen schien. Schließlich
ward dann aber die Erklärung wiederholt, daß das Recht des Augustenburgischen Hauses nur insoweit für den Träger desselben
Werth habe, als es mit dem Interesse Schleswig-Holsteins, wie Deutschlands zusammenfalle. Dies Recht gegen
den Drang nach nationaler Einheit geltend zu machen, werde ihm,
versicherte der Prinz, niemals in den Sinn kommen.

Die nationale Partei hatte alle Ursache, mit dieser Erklärung
zufrieden zu sein. Im Lande machte sie, soweit sie bekannt wurde,
keinen irgendwie bedeutenden Eindruck. Außerhalb der nationalen Partei beschäftigte sich kaum Jemand ernsthaft mit dem Gedanken der
vollständigen Trennung von Dänemark, und man war deshalb natürlich nicht geneigt, den Aeußerungen des unbekannten und machtlosen
Prinzen eine sonderliche Tragweite beizumessen.

Und doch stand die Krisis nahe bevor, welche dieser Persönlich-
keit eine ungeahnte Bedeutung verleihen sollte.

II.

Am 15. Nov. gegen Abend verbreitete sich allenthalben in den
Herzogthümern die Nachricht, daß König Friedrich VII. gestorben

sei. Der Erbfall und mit ihm die entscheidende Krisis der Schles= wig=Holsteinischen Sache war eingetreten in einem Zeitpunkt, wo, wie es schien, die allgemeine europäische Situation wie die Lage der Dinge in Deutschland und den Herzogthümern selbst nicht ungünstiger gedacht werden konnte.

Was zunächst die Haltung Europas betrifft, so hatten die außer= deutschen Großmächte zwar gelegentlich in Kopenhagen Vorstellungen erhoben gegen die bundeswidrigen Schritte der dänischen Regierung in Holstein; sie hatten auch wohl das rücksichtslose Verfahren gegen das deutsche Element in Schleswig getadelt. Lord Russell war sogar sehr unverdienter Weise populair in den Herzogthümern und höchst unpo= pulair in Kopenhagen geworden. Allein ihm so wenig, wie dem Fürsten Gortschakoff oder dem Herrn Drouyn de Lhuys, kam es in den Sinn, über höfliche Vorstellungen hinauszugehen. Das Londoner Protocoll galt ihnen ohne Ausnahme als Basis der staatsrechtlichen Verhält= nisse der dänischen Monarchie, deren Integrität von der Diplomatie als das Palladium des europäischen Gleichgewichts betrachtet wurde.

Kaum anders schienen die beiden deutschen Großmächte zu der Sache zu stehen. Zwar hatten sie den Bund veranlaßt, die Execu- tion gegen Dänemark zu beschließen, allein von Oesterreich war es sicher, daß es mit Aengstlichkeit über den „zeitweilig suspendirten Rech= ten des Landesherrn" wachen würde, und von Preußen wußte man sich nach allem, was über den Standpunkt des Herrn von Bismarck in dieser Angelegenheit bisher bekannt geworden war, kaum eines Besseren zu versehen. Die mittel= und kleinstaatlichen Kabinete ihrer= seits folgten hier, wie immer, dem Impuls der Großmächte, ohne — mit einigen Ausnahmen — ein irgendwie lebhafteres Interesse für die deutsche Zukunft der Herzogthümer an den Tag zu legen.

Zu dieser lauen Haltung der Regierungen kam eine durchaus apathische Stimmung im Volke. Es war bezeichnend, daß auf der Generalversammlung des Nationalvereins am 16. October 1863 kein Antrag in der Schleswig=Holsteinischen Frage eingebracht werden konnte, weil man mit Recht fürchtete, ihn an der Gleichgültigkeit der Ver= sammlung scheitern zu sehen. Die Sammlungen für die vertriebenen Schleswig=Holsteinischen Beamten wurden zwar noch fortgesetzt, allein

die Einnahmen flossen immer spärlicher und drohten an vielen Orten
ganz zu versiegen. Deutschland, so schien es, hatte für die Herzog=
thümer nichts mehr übrig als einen Trauerflor um ihre Fahne auf
seinen großen Nationalfesten.

Unter diesen Umständen wäre es mehr als seltsam gewesen, wenn
die Nachricht von der rechtlichen Lösung der Verbindung mit Däne=
mark, wie verhaßt diese auch sein mochte, das nüchterne und bedächtige
Naturell der Schleswig=Holsteiner zu dem begeisterten Aufschwung ver=
anlaßt hätte, wie er von schwärmerischen Gemüthern südlich der Elbe
wohl für selbstverständlich gehalten wurde. In der That fand zumal
in Schleswig gerade das Gegentheil statt. Man befand sich dort in
doppelt verzweifelter Lage. Von Außen schien keine Hülfe zu erwar=
ten, und der Widerstand im Innern begann zu erlahmen. Die deutsche
Majorität der Ständeversammlung hatte ihr Mandat niedergelegt und
sich damit bankerott erklärt. Es war zu befürchten, daß ihr Beispiel
demoralisirend auf die deutsche Bevölkerung einwirken und sie den
Dänen früher oder später in die Arme treiben werde. In dieser
Noth meinte man den Regierungsantritt Christian's IX. vielfach mit
Freuden begrüßen zu müssen. Der neue König war ein deutscher aus
dem Hause Glücksburg, das seit geraumer Zeit in beiden Herzog=
thümern einer im Ganzen wohlverdienten Popularität genoß. Von
ihm durfte man sich vielleicht wirksameren Schutz gegen die Ausschrei=
tungen der fanatischen Eiderpartei versprechen, als von seinem schwachen
und überdies stockdänischen Vorgänger. Diese Hoffnung sollte freilich
nicht von langer Dauer sein. Schon am 18. November unterzeichnete
Christian IX. die neue dänisch=schleswigsche Verfassung und gab damit
deutlich genug zu verstehen, daß er nicht in der Lage sei, den auf In=
corporirung des Herzogthums gerichteten Bestrebungen der dänischen
Nationalpartei entgegenzutreten. In Schleswig erregte diese Nachricht
die tiefste Bestürzung. Man hielt die deutsche Sache für verloren
und war nahe daran, jeden Gedanken an ferneren Widerstand auf=
zugeben.

Nur wenig erfreulicher sah es in Holstein aus. Zwar spricht
nichts dafür, daß man hier den Regierungsantritt Christian's IX. mit
Hoffnungen begrüßt habe. Davor bewahrte den Holsteiner wohl sein

stärker entwickeltes deutsches Bewußtsein. Allein eben so wenig vermochte man sich im Großen und Ganzen zu dem Bewußtsein der Nothwendigkeit des Widerstandes gegen die mit den Rechtsüberzeugungen des Landes im Widerspruch stehende neue Ordnung der Dinge zu erheben.

Tiefe Niedergeschlagenheit bei einem Theile der Gebildeten, dumpfe Resignation bei den Massen, das war der erste Eindruck bei der Nachricht vom Tode des König=Herzogs und der Thronbesteigung Christian's IX.

Eine Ausnahme machten eigentlich nur die Mitglieder der nationalen Partei und die ihr nahestehenden Kreise, in welchen damals, wenn wir von der Gesammtstaatspartei absehen, wohl die ganze politische Intelligenz des Landes vereinigt war. Nicht daß man hier sich Illusionen über den Charakter der Situation gemacht hätte. Den politischen Führern ließ sich wohl zutrauen, daß sie die Schwierigkeiten derselben richtiger zu würdigen wüßten, als die Massen. Aber gerade deshalb konnte ihnen nicht entgehen, daß der gegenwärtige Moment, so ungünstig er sich für die nationalen Wünsche der Herzogthümer anließ, doch eine letzte Chance bot, die, wenn man sie ungenutzt vorüber gehen ließ, menschlicher Berechnung nach niemals wiederkehrte. Hiernach konnte es ihnen nicht zweifelhaft sein, was ihre Pflicht erheischte. Mochten die Aussichten sein, welche sie wollten, sie mußten das Aeußerste versuchen, um den Gedanken, den sie bisher theoretisch vertheidigt hatten, nun auch practisch zur Geltung zu bringen. Sie beschlossen demnach, zu handeln kraft des Ansehens, welches sie als die politischen Führer des Landes genossen, und kraft des Rechts, das dem energischen selbstbewußten Willen allenthalben willig eingeräumt wird. Ueber die Richtung ihrer Thätigkeit konnte, wie die Dinge lagen, kein Zweifel sein. Bei der unfreundlichen Haltung der deutschen Mächte und namentlich Preußens blieb nichts anderes übrig, als das Erbrecht des Prinzen Friedrich von Augustenburg zu proclamiren.

Gleich nach dem Bekanntwerden der Todesnachricht traten die hauptsächlichen Kieler Anhänger der Partei, Dr. Steindorf, Graf L. Reventlow, Dr. Ahlmann, Advocat Spethmann, die Kaufleute Lange und Kruse unter Hinzuziehung des Professors Planck zusammen, um die nothwendigen Schritte zu berathen. Man war so=

fort darüber einverstanden, daß es vor Allem darauf ankomme, die Mitglieder der Holsteinischen Ständeversammlung zu veranlassen, zur Wahrung des Rechts zusammenzutreten und womöglich die Succession des Augustenburgischen Hauses zu proclamiren. Noch an demselben Sonntag Abend und weiter im Lauf des folgenden Morgens bemühte man sich, auf die in Kiel wohnhaften Abgeordneten und Stellvertreter zur Ständeversammlung dahin einzuwirken, daß sie ihre Collegen zu einer Zusammenkunft einluden. Nach vieler Mühe gelang es, diese sämmtlich von der Nothwendigkeit des Schrittes zu überzeugen. Noch am Montag wurden die Einladungen zu einer auf den 19. angesetzten Zusammenkunft abgesandt. Am Abend des 16. versammelten sich denn auch die Mitglieder des sogenannten Landesausschusses, der im Wesentlichen Nichts war, als der Vorstand der nationalen Partei in Kiel. Hier wurde die seitherige Thätigkeit der Kieler Mitglieder der Partei als zweckentsprechend anerkannt, zugleich aber auch beschlossen, eine Versammlung von angesehenen Männern des Landes zum Mittwoch nach Kiel zu berufen, theils um die Bewegung für die nationale Unabhängigkeit in möglichst weite Kreise zu tragen, theils um auf die Mitglieder der Ständeversammlung, von denen man nicht allzuviel Entschlossenheit erwartete, einen gewissen Druck auszuüben. In dieser Versammlung, zu der aus Holstein zahlreiche und angesehene Theilnehmer, aus Schleswig verhältnißmäßig wenige — unter ihnen Hansen Grumby — erschienen waren, gelang es dann, ohne offenen Widerstand den Beschluß durchzusetzen, daß man mit allen Mitteln auf die Lostrennung von Dänemark und die Anerkennung des Erbprinzen von Augustenburg als Herzog von Schleswig=Holstein hinwirken wolle.

Manche der Anwesenden waren wohl mit dem Beschluß nicht ganz einverstanden; es wird namentlich von Hansen Grumby erzählt, daß er seine Mißbilligung eines so rücksichts= und aussichtslosen Vorgehens nicht verhehlt habe. Indessen ward das in der allgemeinen Erregung des Augenblicks nicht beachtet: die große Mehrzahl trug den Eindruck hinweg, daß ein erster entscheidender Schritt auf dem Wege zu der Losreißung von Dänemark gethan sei.

Weniger günstig ging es mit der Zusammenkunft der Abgeordneten. Dieselbe wurde alsbald von der Holsteinischen Regierung ver=

boten, und zugleich wußte die Kieler Polizeibehörde die meisten der Ab=
geordneten, welche die Einladung erlaſſen hatten, zur ausdrücklichen
Zurücknahme ihrer Einladung zu bewegen, ſo daß nur 24 Abgeordnete
und Stellvertreter, welche entweder nicht rechtzeitig benachrichtigt waren
oder der Zurücknahme keine Beachtung ſchenken zu dürfen glaubten,
am 19. November in Kiel zuſammenkamen. Die Geſammtſtaatlichen fehl=
ten natürlich. Aber auch unter den Erſchienenen zeigte ſich nur wenig
Neigung zum energiſchen Vorgehen. Viele, die heute zu den eifrigſten
Auguſtenburgern gehören, wollten damals durchaus nicht von dem Rechte
dieſes Hauſes überzeugt ſein. Nur mit Mühe ließ ſich die Verſamm=
lung dazu bewegen, eine Eingabe an den deutſchen Bund zu unter=
zeichnen, worin in ziemlich allgemeinen Ausdrücken um Schutz des
Landesrechts gebeten wurde. Weder vom Erbprinzen Friedrich, noch
von der Trennung von Dänemark war darin die Rede. Graf Lud=
wig Reventlow übernahm es, dieſe Adreſſe nach Frankfurt zu über=
bringen, und reiſte ſchon am folgenden Tage dorthin ab.

Die wirkſamſte Unterſtützung indeſſen fand die beginnende Bewe=
gung in dem Ungeſchick der däniſchen Regierung, die ſich von der eider=
däniſchen Partei zu einem Schritt verleiten ließ, der ſeiner Natur nach
ganz dazu angethan war, gerade die ruhigſten Elemente der Bevöl=
kerung auf das Tiefſte aufzuregen.

Schon am 18. oder 19. November erging an ſämmtliche Beamte
die Aufforderung, binnen drei Tagen dem neuen Landesherrn zu hul=
digen. Dies hieß die Holſteiner an ihren empfindlichſten und zugleich
an ihren ſtärkſten Seiten faſſen. Das verletzte Rechtsgefühl empörte
ſich auch bei ſolchen, die ſonſt nicht abgeneigt geweſen wären, ſich mit
den Thatſachen abzufinden und Chriſtian IX. factiſch als Landesherrn
gelten zu laſſen. Die öffentliche Meinung ſprach ſich ſo entſchieden
gegen die Huldigung aus, daß die größte Mehrzahl, mindeſtens der
juriſtiſchen Beamten, ſo wenig ſie unter anderen Umſtänden damit ge=
zögert haben würde, ſich jetzt nicht entſchließen konnte, den Eid zu leiſten,
und damit in einen Gegenſatz zu der Regierung trat, der für die ſpätere
Entwicklung der Dinge vielleicht nicht ohne Bedeutung geweſen iſt.

Inzwiſchen war der Erbprinz Friedrich unmittelbar auf die
Todesnachricht, die ihm wohl nicht ganz unerwartet kam, nach Gotha

geeilt, um sich mit dem längjährigen politischen Rathgeber des Hauses Augustenburg, Regierungsrath Carl Samwer, über die nunmehr nothwendig werdenden Schritte zu besprechen. Das Ergebniß der Berathung war der Beschluß, die Ansprüche des Augustenburgischen Hauses auf die Erbfolge in Schleswig-Holstein auf jede Gefahr hin geltend zu machen. Die bezügliche Proclamation, welche, wie man zu vermuthen Grund hat, in ihren wesentlichen Zügen schon seit dem Tode des dänischen Erbprinzen Ferdinand bereit lag, wurde noch in der Nacht umgearbeitet, der auf das Staatsgrundgesetz bezügliche Schluß-Passus hinzugefügt und der Inhalt sofort telegraphisch nach allen Richtungen gemeldet. Am Morgen des 17. November war außerhalb der Herzogthümer die Proclamation in ganz Europa bekannt. Der Eindruck war ein sehr gemischter. An den meisten Höfen, auch den deutschen, fühlte man sich durch diesen unerwarteten Zwischenfall unangenehm berührt, ohne doch gerade ernsthafte Verwickelungen davon zu befürchten. Die öffentliche Meinung in den meisten außerdeutschen Staaten blieb ziemlich gleichgültig. Desto erregter zeigte sie sich in Deutschland besonders im Süden. Hier gab das Auftreten des Erbprinzen den Anlaß zu einer Bewegung, welche zu Anfang im schärfsten Gegensatz zu der noch unmittelbar vorher herrschenden Apathie einen so leidenschaftlichen Charakter zeigte, daß sie dem Auslande auf kurze Zeit einen gewissen Respect einflößte. In den Herzogthümern selbst war der Eindruck kein so unmittelbarer und tiefgehender, als man später wohl behauptet hat. Man hatte sich hier, wie schon angedeutet wurde, seit Jahren in eine viel zu mißtrauische und pessimistische Anschauungsweise hineingelebt, als daß ein bloßes Actenstück, das noch dazu von dem fast völlig unbekannten Vertreter eines nichts weniger als beliebten Fürstenhauses herrührte, große Hoffnungen hätte erwecken können. Allein war der Eindruck auch kein überwältigender, so reichte er doch aus, um den politisch regsameren Theil der Bevölkerung zu lebhafterer Theilnahme an der Entwickelung der Dinge zu bestimmen und mit besserer Zuversicht zu erfüllen.

Am 17. November ging der Erbprinz nach Berlin, wie man glaubte, um mit der preußischen Regierung über eventuelle Unterstützung seiner Ansprüche in Unterhandlung zu treten. Doch ist darüber nichts

Näheres bekannt geworden. Was immer in Berlin vorgegangen sein
mag, gewiß ist nur, daß die Beziehungen des Prinzen zur preußischen
Regierung keine besseren wurden. Die Sprache der officiösen Organe
ließ darüber keinen Zweifel. Der Prinz kehrte denn auch schon nach
einigen Tagen, wenn wir nicht irren, schon am 19. November, nach
Gotha zurück. Seine Lage ward mißlich. Er hatte von den übrigen
europäischen Cabinetten nicht mehr Gunst zu erwarten, als von dem
preußischen. In Wien führte man eine äußerst feindselige Sprache
gegen ihn. In Petersburg war man geradezu erbittert, Lord Russel
wollte von einer Veränderung der Karte von Europa nichts hören.
Napoleon III. war darum nicht wohlwollender, weil er höfliche Zu=
rückhaltung zeigte. Auch die deutschen Mittelstaaten legten mit Aus=
nahme Badens nicht eben lebhafte Sympathien für die Sache des
Erbprinzen an den Tag. Wenn die offiziösen Organe hier und da
ein freundliches Wort fallen ließen, so war das mehr der Besorgniß
vor der Volksbewegung zuzuschreiben, als irgend einem anderen Grunde.
Aufrichtige Freunde schien der Erbprinz nur unter den Kleinstaaten
zu besitzen. Herzog Ernst von Coburg=Gotha war der erste
deutsche Fürst, der ihn förmlich als Herzog von Schleswig=Holstein
anerkannte; ihm folgten bis zum 1. Dezember Braunschweig, Sachsen=
Weimar, Sachsen=Meiningen, Waldeck, Reuß j. L. Politisch bedeut=
sam war nur die Anerkennung Badens, insofern dasselbe seinen Bun=
destagsgesandten Herrn v. Mohl beauftragte, in der Bundesversamm=
lung zugleich die Interessen des Erbprinzen wahrzunehmen.

Unter diesen Umständen blieb dem Prinzen zunächst kaum etwas
Anderes übrig, als sich auf die von Tage zu Tage wachsende Volks=
bewegung zu stützen, und so wenig dies im Grunde seinen Neigungen
entsprach: es ist kein Grund zu bezweifeln, daß es damals aufrichtig
gemeint war. Der Prinz stand bereits entschieden unter dem Einfluß
des ihm geistig weit überlegenen Sammwer. Diesem aber erschien in
jenen ersten Tagen der Aufregung der Gedanke, seinen Gebieter durch
eine revolutionaire Massenbewegung auf den Thron der Herzogthümer
zu erheben, keineswegs so abenteuerlich, wie man nach seinem späteren
Auftreten vermuthen sollte. Sammwer war von Hause aus mehr Mann
der Velleitäten, als des festen Entschlusses, wie er denn auch, nachdem

er sich kaum der nationalen Bewegung in die Arme geworfen, offen erklärte, daß er keinen Anstand nehmen würde, die Unterstützung Frankreichs oder irgend einer andern auswärtigen Macht zur Erreichung seines Zieles zu benutzen. Vom nationalen Standpunkt betrachtet, ließ ihn die Bewegung völlig kalt. Es ist in der That ein wichtiges Moment für die Beurtheilung der Augustenburgischen Politik, daß der Leiter derselben, wie er von Anfang an im privaten Kreise eingestand, in der Schleswig-Holsteinischen Frage im Grunde nichts anderes sah, als die Frage der Augustenburgischen Erbfolge, deren Durchführung er als die Aufgabe seines Lebens betrachtete. Je kühler er aber die nationale Seite der Bewegung zu betrachten im Stande war, desto leidenschaftlicher interessirte sie ihn als Mittel zur Durchführung seiner speziellen Zwecke. Er beobachtete ihre Entwickelung mit fieberhafter Spannung. In dieser Stimmung waren ihm auch Invasions- und Aufstandspläne nicht fremd. „Wir müssen in's Land, wir müssen um jeden Preis in's Land", sagte er einmal. „Ich habe an unsern Agenten in Hamburg geschrieben, er solle uns einen Punkt an der Holsteinischen Grenze bezeichnen, wo wir uns 5 Tage halten können." Aehnliche Aeußerungen kamen häufig vor. Bei näherem Eingehen zeigte sich freilich, daß diese Ideen eines festen Kerns entbehrten. Im Laufe des Gesprächs verflüchtigten sie sich regelmäßig, und man behielt den Eindruck, daß man es hier lediglich mit den Einfällen einer sanguinischen und doch nicht kühn angelegten Natur zu thun habe. Der Erbprinz selbst hat sich mit ähnlichen Plänen wahrscheinlich nie befaßt. Seine ruhige, nüchterne Natur war abenteuerlichen Wagnissen entschieden abgeneigt. Die Sache kam überhaupt nur in den allerersten Tagen zur Sprache und verschwand sehr bald vollständig von der Tagesordnung, um den Gedanken einer Neubildung der Schleswig-Holsteinischen Armee Platz zu machen. Dieser hat dann den Erbprinzen und seine Umgebung längere Zeit sehr lebhaft beschäftigt.

Welches indessen immer die innern Triebfedern der „Volkspolitik" des Erbprinzen sein mochten, nach Außen verfuhr sie in diesem Zeitraum von ihrem Standpunkte aus durchaus correct. Bei jeder Gelegenheit, wo er Adressen oder Anreden zu beantworten hatte — und bei der Popularität, deren sich der neue Souverain seit dem ersten

Tage seines Aufenthalts in Gotha erfreute, gab es deren unzählige —
stellte sich der Erbprinz entschieden auf den nationalen Standpunkt,
protestirte gegen dynastischen Ehrgeiz und persönliche Zwecke, und sprach
die feste Zuversicht aus, daß einer Sache, die eins sei mit der Sache
des deutschen Volkes, der endliche Sieg nicht fehlen werde. Nicht min=
der wurden alle die unzähligen Zuschriften und Eingaben beantwortet,
so lästig sie mitunter wegen ihres nichts weniger als erfreulichen In=
halts sein mochten. Es war zu diesem Zweck ein eigenes Bureau er=
richtet. Wer sich dem Erbprinzen vorstellen ließ, war des freundlich=
sten Empfangens, wohl gar einer Einladung gewiß. Diese Thatsachen,
für deren Verbreitung eine Anzahl ergebener Blätter mit Begeisterung
sorgte, mußte die Popularität, deren der Erbprinz seit seiner Procla=
mation genoß, mehr und mehr steigern. Gotha wurde sehr bald der
Sammelplatz einer Menge theils aufrichtiger Anhänger, welche dem
Prinzen und seiner Sache ihre Unterstützung anzubieten kamen, theils
auch zweifelhafter Existenzen, die unter der Maske des Patriotismus
sehr persönliche Zwecke verfolgten. Letzteres stellte sich indessen erst
später heraus. Für den Augenblick dienten auch diese dazu, die Staffage
des belebten Bildes zu bereichern.

So erfreulich es nun aber dem Erbprinzen auch sein mußte, der
Gegenstand der allgemeinen Begeisterung zu sein, so mußte er doch
bald zu der Einsicht gelangen, daß mit dem Empfangen, Beantworten
von Adressen und Anreden auf die Dauer nichts gethan sei, daß man
sich feste Verbindungen mit der organisirten Macht schaffen müsse, wenn
die Sache practisch gefördert werden sollte. Bei allem scheinbaren Ver=
trauen auf die Volksbewegung fing man deshalb mehr und mehr an,
den Gedanken einer Verständigung mit den Regierungen ernsthafter
in's Auge zu fassen. Die Versuche in dieser Beziehung wurden aber
zunächst noch im Stillen betrieben. Nach Außen fuhr man fort, sich
den Anschein zu geben, als folgte man noch ausschließlich der Politik
des Sechsunddreißiger=Ausschusses. Dies trug vielleicht nicht
wenig dazu bei, das vorläufig alle Annäherungsversuche erfolglos blie=
ben. Nur Baden blieb dabei, die Politik des Erbprinzen eifrig zu
unterstützen. Herr von Roggenbach hatte unmittelbar nach dem
Eintreffen des Prinzen in Gotha den Freiherrn von Edelsheim

2*

dorthin gesandt, mit dem Auftrage, die Regierung des „Herzogs Friedrich" in ihrer diplomatischen Thätigkeit nach Kräften zu unterstützen.

Je weniger Erfolg eben diese Thätigkeit einstweilen aufzuweisen
hatte, desto wichtiger mußte es erscheinen, wenigstens in den Herzogthümern selbst eine feste Operationsbasis zu gewinnen und die Bevölkerung zu Gunsten des Erbprinzen in lebhaftere Bewegung zu setzen.
Von Wichtigkeit schien es namentlich, die Schleswiger zu Demonstrationen zu veranlassen, welche dieses „europäische Herzogthum" in die
Discussion hineinzuziehen geeignet wären, von welcher die Diplomatie
es so ängstlich fern zu halten bemüht war.

Die Thätigkeit der nationalen Partei war seit der Versammlung
vom 18. November wesentlich auf die Presse beschränkt gewesen. Der
ihr seit dem Sommer ausschließlich zur Verfügung stehende „Norddeutsche Grenzbote" oder wie er seit einem Verbot der dänischen
Regierung hieß, die „Zeit" hatte sich natürlich sofort für die Augustenburgische Succession als die allein rechtmäßige gegenüber der dänischen
Usurpation erklärt. Zur rücksichtslosen Vertretung dieses Standpunkts
schien es nothwendig, daß wenigstens die hauptsächlichsten Mitarbeiter nach
Hamburg (wo, wie erwähnt, das Blatt erschien) übersiedelten. In Folge
dieser Erwägung verließen Römer und Johannsen schon wenige Tage
nach dem 18. November das Land und begannen nun von Hamburg
aus in dem Organ der Partei das dänische Regiment mit aller Rücksichtslosigkeit zu bekämpfen, ohne hierin durch verschiedene Verbote der
dänischen Regierung wesentlich gestört zu werden.

Auf den 24. November war eine abermalige Versammlung der
ständischen Abgeordneten und Stellvertreter nach Hamburg (Streit's
Hôtel) berufen. Nach dem Vorgang am 19. war man nicht berechtigt,
große Erwartungen von der Entschlossenheit dieser Versammlung zu
hegen. Es war von Seiten des Landesausschusses die Veranstaltung
getroffen, daß überall im Lande Adressen unterschrieben wurden, die
von den Vertretern des Landes die Anerkennung des „rechtmäßigen
Landesherrn" verlangten. Diese sollten den Abgeordneten in Hamburg
überreicht werden. Allein der der Versammlung präsidirende Herr
Th. Reincke weigerte sich diese Deputationen zu empfangen, wie dringend dieser Empfang auch von ihm gefordert wurde. Der Versuch, die

Abgeordneten vorwärts zu drängen, mißlang denn auch vollständig. Es kam zu nichts Weiteren, als daß die in Kiel nicht erschienenen Abgeordneten und Stellvertreter, soweit sie sich in Hamburg eingefunden — vermißt wurde namentlich auch Pastor Versmann — der Kieler Eingabe einfach beitraten. Verstimmt kehrten die Mitglieder der Deputationen ins Land zurück. Man schien in ein Stadium der Stagnation gelangt zu sein, das leicht den Anfang des Rückgangs bedeuten konnte.

Die Nachrichten, die der am Morgen des 24. von Frankfurt zurückkehrende Graf Ludwig Reventlow mitgebracht, waren nicht geeignet, diese Verstimmung zu heben. Er hatte die Rückreise über Berlin ge= macht und Gelegenheit genommen, Herrn von Bismark einen Be= such zu machen. Der Ministerpräsident hatte aus Gründen, deren Berechtigung sich einem Unbekannten gegenüber kaum bestreiten ließ, die tiefste Zurückhaltung bewahrt und sich namentlich in Bezug auf die Person des Erbprinzen in keiner Weise ermuthigend ausgesprochen. Einer etwas mystischen Andeutung über die Intentionen der preußi= schen Regierung war man in der damaligen Stimmung nicht geneigt große Beachtung zu schenken.

Unter diesen Umständen war es nicht zu verwundern, wenn die in Hamburg von einem Agenten des Erbprinzen in Anregung gebrachte und von den Führern der Bewegungspartei willig acceptirte Unter= zeichnung von Huldigungsadressen an den rechtmäßigen Landesherrn im Ganzen nicht eben glänzenden Erfolg hatte. In Kiel erlangte man etwa 800 Unterschriften, in Rendsburg etwa die Hälfte. Dagegen war die Betheiligung in dem großen Altona noch recht unbedeutend, ebenso fast durchweg auf dem platten Lande, namentlich im östlichen Theile. Im Ganzen werden ungefähr 10,000 Unterschriften zusammen gekommen sein. Noch ungleich ungünstiger gestalteten sich die Dinge in Schleswig. Hier wollte man sich mit wenigen Ausnahmen auf gar nichts einlassen. Die Person des Erbprinzen flößte im Ganzen keine Sympathien ein, zu seiner Sache hatte man kein Vertrauen. Weshalb also sich der Gefahr einer Criminaluntersuchung aussetzen? In der That hat es denn auch mit einer einzigen Adresse sein Bewenden gehabt, welche aus Kappeln kam und etwa 40 Unterschriften trug.

Während dieser Vorgänge waren zwischen Gotha und Hamburg

weitere Schritte zur Verständigung über die beiderseits als nothwendig anerkannte gemeinschaftliche Action geschehen. Gleich nach der ständischen Versammlung vom 24. November war Graf Ludwig Reventlow zum Erbprinzen berufen. Man verständigte sich rasch. Graf Reventlow wurde vom Erbprinzen zu seinem Bevollmächtigten in Hamburg ernannt und mit den nöthigen Mitteln versehen, um eine großartige Agitation für die Trennung von Dänemark und die Augustenburgische Erbfolge einzuleiten. Es blieb ihm dabei überlassen, das Nähere mit dem Landesausschuß und andern einflußreichen Persönlichkeiten festzustellen.

Nach Hamburg zurückgekehrt, setzte sich Graf Reventlow mit seinen politischen Freunden, von denen inzwischen eine größere Anzahl sich in Hamburg zusammengefunden hatte, in Beziehung, um ohne Zeitverlust an die Ausführung des verabredeten Planes zu gehen. Es wurde beschlossen, zunächst alle Hebel anzusetzen, um die bisher noch apathischen Massen der Bevölkerung Holsteins in die Bewegung hineinzuziehen. Unmittelbar nach dem Einrücken der Executionstruppen, welches man gegen Weihnachten erwartete, sollte eine großartige Volksversammlung zu Stande gebracht und durch dieselbe der Erbprinz aufgefordert werden, ins Land zu kommen und die Regierung zu übernehmen. Zwar fehlte es weder in den Herzogthümern selbst noch im übrigen Deutschland an Heißspornen, welche das sofortige Erscheinen des Prinzen verlangte. Allein es zeigte sich bald, daß die besonnenere Ansicht der politischen Führer die öffentliche Meinung für sich hatte. Es bedurfte in der That nur geringer Einsicht, um zu erkennen, daß es bei der diplomatisch höchst ungünstigen Lage der Angelegenheit die Sache auf's Aeußerste gefährden mußte, wenn das Erscheinen des Erbprinzen im Lande nicht durch die Stimmung der Bevölkerung getragen und berechtigt erschien.

Der Landesausschuß konnte daher ohne nennenswerthen Widerspruch an die Ausführung seines Planes gehen. Bei der thatsächlichen Unmöglichkeit, durch Volksversammlungen oder die inländische Tagespresse auf die Bevölkerung einzuwirken, mußte sich die Agitation vor der Hand auf die Thätigkeit des Parteiorgans und die Verbreitung von Flugschriften beschränken. Zu diesem Zwecke wurden in Hamburg ein förmliches Botenkorps von durchweg zuverlässigen und landeskundigen Leu=

ten organifirt, welche theils die Vertheilung der Flugfchriften und fon=
ftigen Schriftftücke zu beforgen, theils die Correfpondenz der in Ham=
burg befindlichen Parteiführer mit den Vertrauensmännern an den
einzelnen Ortfchaften des Landes zu vermitteln hatten. Auf diefem
Wege wurden binnen verhältnißmäßig kurzer Zeit Maffen von Flug=
fchriften in die Bevölkerung geworfen und zugleich im ganzen Lande
die Local=Agitation in ein förmliches Syftem gebracht.

Allen Eifer und aller Energie zum Trotz hatte es gleichwohl geraume
Zeit den Anfchein, als follte der Erfolg nicht eben glänzend ausfallen.
Die Berichte der Vertrauensmänner lauteten zum größten Theil keines=
wegs erfreulich, faft überall wurde geklagt, daß die froftige Gleichgül=
tigkeit der Einen, die Kleinmüthigkeit und Zaghaftigkeit der Andern fich
nicht überwinden laffen wolle. Der Ungunft der Situation gegenüber
erfchienen alle Anftrengungen vergeblich. Und in der That fchwerlich
ließ fich verkennen, daß die Ausfichten des Erbprinzen Friedrich 4 Wochen
fpäter fchlechter ftanden, als am 15. November. War die Haltung
der Großmächte fchon damals unfreundlich gewefen, fo blieb über ihre
Gegnerfchaft jetzt kein Zweifel mehr. Rußland und England bemühten
fich in Kopenhagen gleichzeitig um Aufhebung der November=Verfaffung,
weil dies eingeftandenermaaßen der einzige Differenzpunkt zwifchen der
dänifchen Regierung und den beiden deutfchen Großmächten war, die
fich entfchieden für die Aufrechthaltung des Londoner Protocolls er=
klärt hatten. Frankreich fuhr fort, eine Referve zu beobachten, die man
in Gotha keinen Grund hatte für eine befonders freundliche zu halten.
Die Antwort Napoleon's III. auf den bekannten Brief des Erbprinzen
vom 2. December enthielt, in der Form höflich, der Sache nach eine
um fo empfindlichere Zurückweifung, als der Prinz ihm in einer Weife
entgegengekommen war, welche kaum verträglich fchien mit den Pflichten
eines deutfchen Prinzen.

Die Bewegung in Süd=Deutfchland, fo anfpruchsvoll fie auftrat,
hatte doch nicht einmal den Kleinften unter den Kleinen zu imponiren
vermocht. Baden war nach wie vor der einzige Mittelftaat, der den
Erbprinzen anerkannte; die Uebrigen glaubten noch immer mehr Rück=
fichten auf den Willen der beiden Großmächte nehmen zu müffen, als
auf die Wünfche ihrer Unterthanen. Unter diefen Umftänden war es

nicht zu verwundern, wenn die Nachricht von der am 7. December von der Bundesversammlung beschlossenen Execution gegen Dänemark vielfach eher niederschlagend, als ermuthigend in den Herzogthümern wirkte, da man bei dem bekannten Standpunkt der beiden Großmächte hierin eine indirecte Anerkennung der landesherrlichen Rechte Christian's IX. zu erkennen glaubte. Und allerdings, was Oesterreich betrifft, so täuschte man sich hierin nicht. Das Wiener Cabinet hat eingestandenermaaßen nie etwas anderes im Sinne gehabt, als das Londoner Protokoll seinem ganzen Umfange nach aufrecht zu erhalten. Daß andererseits Herr v. Bismark schon damals weiter gehende Pläne hegte, wird von unbefangenen Beurtheilern heute wohl nicht mehr bezweifelt. Im December 1863 jedoch — und wir erkennen hierin einen Vorzug der preußischen Politik — ließ seine Haltung nichts Derartiges vermuthen.

Auch in Gotha vermochte man sich dem niederdrückenden Einfluß der Lage keineswegs zu entziehen. Der Erbprinz beschäftigte sich zwar viel mit der Neubildung der Schleswig-Holsteinischen Armee. Es bestand ein eigenes Kriegs-Departement, in welchem unter der Leitung des Obersten du Plat mehrere ehemalige Offiziere arbeiteten; man diskutirte über Uniformen und verhandelte über den Ankauf von Waffen.

Allein es schien kein rechter Ernst hinter diesen kriegerischen Vorbereitungen zu stecken. Samwer sprach sich jetzt schon entschieden gegen den Gedanken aus, Holstein vor der Anerkennung durch den Bund zu betreten. „Was nützt mir die Volksbewegung," sagte er, „schaffen Sie mir die Anerkennung einer einzigen Regierung, die ist mir viel mehr werth. Wenn wir jetzt nach Holstein gehen, so fegen Oesterreich und Preußen uns heraus, und wir werden obendrein lächerlich." Desto entschiedener bestand Freiherr v. Edelsheim, der sich fortwährend in Gotha aufhielt, darauf, daß der Erbprinz dem mit den Führern der Bewegung in Hamburg verabredeten Plane gemäß sich bereit halten müsse, dem Rufe der Bevölkerung zu folgen. Gegen Mitte December scheint diese Anschauung im erbprinzlichen Rathe überwogen zu haben. Auch mit dem Gedanken, den Bundes-Commissairen durch passiven Widerstand das Regieren unmöglich zu machen und sie auf diese Weise zur Befürwortung der Anerkennung des Erb-

prinzen zu veranlaſſen, war man damals einverſtanden. Inzwiſchen
näherte ſich der 14tägige Termin zwiſchen Beſchluß und Ausführung
der Execution ſeinem Ende. Die betreffenden Truppenkörper begannen
ſich in Bewegung zu ſetzen; man konnte ihrem Einmarſche in Holſtein
mit Beſtimmtheit kurz vor Weihnachten entgegenſehen. So wenig
nun auch die Führer der Holſteiniſchen Bewegung mit den Fortſchritten
derſelben zufrieden waren, ſie konnten die Entſcheidung nicht länger
hinausziehen. Der Landesausſchuß beſchloß alſo die Abhaltung einer
Maſſen-Verſammlung und erließ einen Aufruf an die Schleswig-Hol=
ſteiner, ſich am Sonntag den 27. December in Elmshorn einzu=
finden. Er richtete ferner an ſeine Vertrauensmänner in den einzelnen
Orten des Landes die Aufforderung, unmittelbar nach Abzug der dä=
niſchen Truppen den Erbprinzen Friedrich als Herzog von Schleswig=
Holſtein zu proklamiren. Von beſonderer Wichtigkeit war es ſelbſt=
verſtändlich, daß Altona als die größte Stadt des Landes in dieſer
Beziehung ein gutes Beiſpiel gebe. Es ſanden deshalb kurz vor dem
Einmarſch der Bundestruppen mit Mitgliedern der ſtädtiſchen Collegien
und anderen angeſehenen Männer lebhafte Verhandlungen ſtatt. Und
es zeigte ſich, daß dies keineswegs überflüſſig geweſen war. Die Altonaer
legten faſt durchweg nur wenig Bereitwilligkeit dar; nur mit vieler
Mühe konnten ſie endlich zu dem Verſprechen bewogen werden, den
Huldigungsact vornehmen zu wollen. Wahrſcheinlich wäre dieſes Re=
ſultat gar nicht erreicht worden, wenn nicht auch die Altonaer No=
tabeln ſich unter dem Eindruck befunden hätten, den das Herannahen
der deutſchen Truppen allenthalben im Lande hervorbrachte. Eben
dieſem Eindruck war es wohl auch zuzuſchreiben, daß die Mitglieder
der Holſteiniſchen Ständeverſammlung am 22. December in Hamburg
eine Eingabe an den Bund beſchloſſen, worin ſie ſich rückhaltslos für die
Trennung von Dänemark ausſprachen und die Anerkennung des Erbprinzen
Friedrich als Herzog von Schleswig-Holſtein verlangten.

So ſtanden die Dinge, als am 23. December in Folge des
Vorrückens der Bundestruppen das unmittelbar an der Grenze be=
legene Wandsbeck zuerſt vor allen Schleswig-Holſteiniſchen Orten
von den däniſchen Truppen geräumt wurde. Der Eindruck der Be=
freiung war mächtig genug, alle Bedenken zu überwinden. Die Pro=

clamirung des Erbprinzen erfolgte sofort unter ziemlich lebhafter Be=
theiligung der Einwohnerschaft. Hierauf wurden die dänischen Schilder
und Abzeichen entfernt und der mißliebige Polizei=Beamte des Fleckens
genöthigt, seine Stelle aufzugeben. Dies Alles ging ziemlich ruhig
vor sich; eigentliche Excesse fielen nicht vor. Am 24. Morgens wurde
Altona von sächsischen Executionstruppen besetzt und hier wiederholte
sich nun das Schauspiel vom vorhergehenden Tage, nur im größeren
Maaßstaabe. Doch ließ Betheiligung wie Stimmung des Publikums
viel zu wünschen übrig. Das Gros der Huldigenden bestand aus
kleinen Leuten, Handwerkern und Fabrikarbeitern; die besitzenden Klassen
verhielten sich im Ganzen sehr kühl und zurückhaltend. Weit lebendiger
zeigte sich die Mehrzahl der kleinen Orte, welche in den folgenden
Tagen von den Dänen verlassen wurden. Fast überall fand die
Proclamirung des Erbprinzen unter lebhafter Betheiligung der Ein=
wohnerschaft statt. Die Wirkung der Befreiung erwies sich mächtiger,
als man zu hoffen gewagt hatte. Bei alle dem fanden die Führer,
als sie am 27. des Morgens in Elmshorn eintrafen, ihre Erwartungen
noch übertroffen, die Zahl der Anwesenden wird nie mit Bestimmtheit
festgestellt werden können, doch läßt sie sich mit einiger Wahrscheinlichkeit
auf 12—15,000 schätzen. Der Versammlung voraus ging eine höchst
unerquickliche Verhandlung des Landesausschusses mit einer Anzahl von
Vertrauensmännern, bei der sich zeigte, daß die Strömung im Ganzen
noch keineswegs so hoch ging, wie die Führer es wünschen mußten.
Es handelte sich darum, die der Versammlung vorzulegenden Resolu=
tionen festzustellen. Der Ausschuß beantragte, zu erklären, daß es
Pflicht jedes Holsteinischen Beamten sei, dem Erbprinzen allein als
seinem Landesherrn Gehorsam zu leisten und sonst Niemandem, drang
damit aber nicht durch. Der großen Mehrzahl der Vertrauensmänner
erschien der Gedanke allzu revolutionair. So begnügte man sich damit,
in der Volksversammlung die Trennung von Dänemark zu proklamiren
und den Erbprinzen für den rechtmäßigen Landesherrn zu erklären.
Dieselbe sprach dann noch den Wunsch aus, den neuen Landesherrn
möglichst bald in ihrer Mitte zu sehen, und wählte eine Deputation
welche dies zur Kenntniß des Erbprinzen bringen sollte.

Die Deputation reiste sogleich nach Gotha ab, fand den Erbprinzen

aber nicht mehr vor. Gedrängt, wie es scheint, besonders durch den Frei=
herrn v. Edelsheim, hatte dieser sich sogleich auf die telegraphische Nachricht
von den Ergebniß der Elmshorner Versammlung entschlossen, dem an
ihn ergangenen Ruf zu folgen. Die nöthigen Vorbereitungen waren
längst getroffen. In Harburg erwartete ihn ein Dampfschiff, das
ihn nach Glückstadt hinüberführte. Hier fand er einen Extrazug vor,
mit dem er, nur von Wenigen erkannt, seine Reise nach Kiel fortsetzte.
In Elmshorn trennte er sich von dem Freiherrn von Edelsheim, der
über Hamburg nach Süd=Deutschland zurückkehrte. Nachmittags gegen
3 Uhr traf der Prinz in Kiel ein, am Bahnhofe nur von wenigen
Eingeweihten empfangen und nahm seine Wohnung in dem unmittelbar
anstoßenden Bahnhofs=Hôtel. Die Nachricht verbreitete sich wie ein
Lauffeuer durch die Stadt. Schon eine halbe Stunde später stand
eine Anzahl Menschen vor dem Hôtel, um des „rechtmäßigen Landes=
herrn" ansichtig zu werden. Gegen Abend wurde die Menge dichter,
verhielt sich übrigens sehr ruhig. Der Erbprinz redete das Volk einige
Male an; seine einfache ungekünstelte Art zu sprechen brachte sichtlich
einen günstigen Eindruck hervor. Nach Anbruch der Dunkelheit fuhr
er langsam durch die erleuchteten Straßen, überall mit aufrichtiger
Begeisterung begrüßt. Doch mischte sich bei Vielen eine gewisse Be=
sorgniß in die Freude. Man fürchtete einen Ueberfall der Dänen,
welche einige Tausend Mann stark jenseits des nur ³/₄ Meile entfernten
Canals lagen. Auch in der Umgebung des Erbprinzen scheint man
von dieser Besorgniß nicht frei gewesen zu sein. Wenigstens wurde während
der ganzen Nacht eine geheizte Lokomotive bereit gehalten, um den
„Landesherrn" für den Fall der Gefahr in Sicherheit bringen zu
können. Die Kieler ließen es sich nicht nehmen, das Ihrige zum
Schutze desselben beizutragen. Studenten= und Turner=Patrouillen
waren bis Tagesanbruch in Bewegung, und die Kampfgenossen über=
nahmen den Wachtdienst vor dem Hôtel.

III.

Am 1. Januar 1864 gab es in Holstein nur eine Partei oder vielmehr, wenn wir von der kleinen gesammtstaatlichen Fraction absehen, gar keine. Die rasche Entschlossenheit, mit welcher der Erbprinz dem Rufe des Landes gefolgt war, hatte ihn der Bevölkerung nahe gebracht. Seit er sich in ihrer Mitte befand, war er für die Massen rasch das Symbol der Unabhängigkeit von Dänemark geworden. Die Bewegung, so meinte man, hatte in ihm ihren Mittelpunkt, ihre einheitliche Leitung, ihre treibende Kraft gefunden. Man war geneigt, für den Augenblick alle Schwierigkeiten der Lage zu vergessen, und träumte von einem unabhängigen Schleswig-Holstein, das man sich unter der Führung des „rechtmäßigen Landesherrn" zu erkämpfen gedachte. Und doch begannen sich mitten in der Begeisterung jener Tage bereits die ersten Keime des Zwiespalts zu entwickeln, der seitdem in immer wachsenden Dimensionen das Land erfüllt hat.

Die Leiter der Bewegung waren, als sie den Plan faßten, den Erbprinzen ins Land zu rufen, von dem Gedanken ausgegangen, daß ein solcher immerhin kühne Schritt ein weiteres Vorgehen auf der Bahn der Selbsthülfe, d. h. hier die sofortige Uebernahme der Regierung bedinge. Ihrer Ansicht nach kam es bei der feindseligen Haltung der beiden Großmächte und der Energielosigkeit des Bundes darauf an, den Moment zu benutzen und eine Reihe von vollendeten Thatsachen herzustellen, die man dann bei der erregten Stimmung in ganz Deutschland nicht ganz ohne Aussicht auf Erfolg vertheidigen zu können hoffte. Im gewissen Sinne wurde damit freilich Alles auf eine Karte gesetzt, allein menschlicher Berechnung nach gab es überhaupt keinen Weg, der mit Sicherheit zu dem erstrebten Ziele zu führen versprach. Und endlich, was hatte ein Prätendent zu verlieren? Von diesem Gesichtspunkte aus hatte der Landes-Ausschuß die Elmshorner Versammlung zu dem Beschlusse veranlassen wollen, daß jeder Beamte verpflichtet sei, ausschließlich dem Erbprinzen als seinem rechtmäßigen Landesherrn zu gehorchen, und glaubte nach dem unerwartet raschen Erscheinen desselben in Kiel um so sicherer auf ein energisches

Vorgehen in diesem Sinne rechnen zu dürfen, als man sich, wie wir gesehen haben, in Gotha mit diesem Plane einverstanden erklärt hatte.

Es sollte sich indessen sehr bald zeigen, daß weder der Erbprinz, noch der Regierungsrath Samwer geneigt waren, sich auf das gewagte Spiel einzulassen, welches die Leiter der Bewegung ihnen zumutheten. Der Erbprinz war noch nicht in Kiel angelangt, und schon hatte Samwer die Bundes-Commissaire in Altona über die Absichten seines Gebieters beruhigt und ihnen persönlich die Versicherung gegeben, daß der Erbprinz den Rechten des Bundes in keiner Weise vorgreifen, son= dern sich nur als „Privatmann" im Lande aufhalten werde. Er trug darauf noch Sorge, daß diese Nachrichten durch den Telegraphen nach allen Hauptpunkten Deutschlands und Europas verbreitet wurden, und begab sich dann ebenfalls nach Kiel. Hier folgten weitere Schritte in demselben Sinne. Schon am 31. December erfolgte eine Procla= mation des Erbprinzen, deren Inhalt in allen wesentlichen Punkten mit den Aufklärungen übereinstimmte, welche Samwer dem officiellen Deutschland theils mündlich, theils telegraphisch hatte zugehen lassen. Der Erbprinz erklärte darin, daß er nicht gesonnen sei, den Rechten des Bundes zu präjudiciren. ... „Ich hege die Erwartung, daß meine getreuen Unterthanen die vom Bunde angeordnete vorläufige Verwaltung achten und Conflicte vermeiden werden." Das von Dr. Carl Lorenzen abgefaßte Schriftstück war ursprünglich noch viel zaghafter gehalten. Nur mit Mühe soll es ge= lungen sein, die anstößigsten Stellen zu beseitigen; gleichwohl war die Wirkung im Ganzen keine günstige. Die Bevölkerung fühlte instinctiv, daß dies nicht die Sprache der kühnen und energischen Natur sei, für die man den Erbprinzen so gern gehalten hätte. Der Eindruck war indessen bei der großen Masse der in den näheren Zusammenhang nicht Eingeweihten kein nachhaltiger. Man ließ sich gern überreden, daß der Erbprinz lediglich aus Klugheitsrücksichten einstweilen eine „reservirte Haltung" beobachte, und daß der Tag der „Action" nichtsdestoweniger vor der Thür sei. Wer den Dingen nahe stand, vermochte diese Illusion freilich nicht zu theilen. Graf Reventlow überzeugte sich sehr bald, daß der Einfluß Samwer's, wie er in jener Proclamation bereits zu Tage getreten war, kein vorübergehender sei, sondern alle Aussicht habe, der allein maßgebende zu werden, und zwar nicht blos deshalb, weil dem Erbprinzen die dynastische Auffassungsweise Sammer's natürlich sehr viel näher lag als die nationale, sondern auch weil die von diesem vertretene Politik seinem Naturell durchaus angepaßt war. Derselbe, gewagten Unternehmungen ohnehin abgeneigt, befand sich seit seiner Ankunft in Kiel keineswegs in der kühnen unternehmenden Stimmung, welche die Begeisterung des Publikums ihm beilegte. Die beiden Großmächte hatten am 31. December in der Bundesversammlung den Antrag gestellt, den Erbprinzen zu sofortiger Entfernung aus Holstein aufzufordern. Der Prinz war durch diese Nachricht in die äußerste Aufregung und Besorgniß gesetzt worden. Im Bahnhofs=Hôtel herrschte eine Bestürzung, welche nur der blinden Voreingenommenheit des Publikums für den Prinzen entgehen konnte. Wir haben allen Grund, anzunehmen, daß man entschlossen war, sich der Entscheidung des Bundes unter allen Umständen zu fügen. Bei so bewandten Dingen konnte es Sammer nicht schwer fallen, die „revolutionaire Politik" der bisherigen Leiter der Bewegung in den Augen des Erbprinzen zu discreditiren. Als tüchtiger Jurist, betrachtete er seinerseits die Schles= wig=Holsteinische Frage wie einen Proceß, bei dem es nicht sowohl auf die thatsächlichen, als die rechtlichen Besitzverhältnisse ankäme. Einer= seits mußte seiner Ansicht nach das legitime Erbrecht des Augusten= burgischen Hauses zu voller Evidenz nachgewiesen, andererseits aber auch der seit der Gründung des zweiten Kaiserreichs vielfach zur Gel= tung gelangte Rechtstitel des Volkswillens nicht außer Acht gelassen werden. Die Aufgabe des Erbprinzen war es, seinen Aufenthalt in Holstein zur Erwerbung dieses letzteren Rechtstitels zu benutzen. Den Legitimen mußte er der Legitime, den Erwählten der Erwählte sein. So konnte es nicht ausbleiben, daß der deutsche Bund ihn als Herzog von Holstein anerkannte und Europa ruhig zusah, wenn er in dieser Eigenschaft eine Armee bildete, um Schleswig den Dänen mit Waffen= gewalt zu entreißen. Sollte dieser Plan aber gelingen, der Proceß gewonnen werden, so war es vor Allem nothwendig, daß man sich keine Eigenmächtigkeit zu Schulden kommen ließ. Man durfte dem Richterspruch nicht vorgreifen, sondern mußte ihn ruhig abwarten.

Dies war in allgemeinen Zügen der Plan, für welchen Sammer

den Erbprinzen um so leichter gewann, als er ihn mit unläugbarem
Geist und einer seltenen dialectischen Fertigkeit zu vertreten wußte.
Der Umschwung zeigte sich sehr bald in dem veränderten Benehmen
des Erbprinzen gegen die Führer der Nationalpartei. Graf Reventlow wurde schon seit den ersten Tagen des Kieler Aufenthalts
nicht mehr zur Berathung der großen „Staatsactionen" zugezogen,
und bald trat eine gänzliche Erkaltung ein.

Und der Gang der Ereignisse schien zunächst nicht darnach angethan, die vorhandene Spannung zu heben. Samwer hatte es als die
nächste Aufgabe des Erbprinzen bezeichnet, das Land „moralisch zu
erobern", und in diesem Punkte sprach der Erfolg für ihn. Von
allen Seiten strömte die Bevölkerung herbei, um dem neuen Landesherrn zu huldigen. Schon in der ersten Woche des Januar hatten
sämmtliche holsteinische Städte Huldigungs = Deputationen nach Kiel
gesandt. Eine große Anzahl von Dorfschaften war ihnen gefolgt.
Es war kein Zweifel, die Bevölkerung war einig, in dem Erbprinzen
ihren rechtmäßigen Landesherrn zu erkennen. Je berauschender diese
Fülle von Huldigungen auf diesen wirken, je günstiger ihm unter ihrem
unmittelbaren Eindruck die Lage erscheinen mußte, um so weniger
Veranlassung lag natürlich vor, auf die gefährliche Bahn zurückzu-
kehren, welche die Leiter der Bewegung ihn hatten führen wollen, um
so rathsamer schien es, bei der bisherigen Passivität zu verharren, die
nach keiner Seite hin verletzte und doch so günstige Erfolge aufzuweisen hatte. Und es kam noch ein anderes Moment hinzu, die
Wiederannäherung an die Nationalpartei zu erschweren. Der Erbprinz zeigte sehr bald Neigung, die ihm dargebrachten Huldigungen
nicht auf die von ihm vertretene Sache, der sie damals doch noch unzweifelhaft galten, sondern auf seine Person und sein dynastisches Erbrecht zu beziehen, und wurde hierin von Samwer nach Kräften bestärkt.
Schon in der letzten Zeit seines Aufenthalts in Gotha hatte man eine
Steigerung des legitimistischen Selbstgefühls an ihm wahrgenommen:
in Kiel machte sich dieselbe sehr bald in noch höherem Grade bemerkbar.
Man war gewiß, ihm zu gefallen, wenn man die Ansicht aussprach,
daß der Wunsch der Schleswig=Holsteiner nach Trennung von Dänemark wesentlich in der Ueberzeugung von dem legitimen Erbrecht des

Augustenburgischen Hauses begründet sei; eine einseitige Betonung des nationalen Standpunkts, wie er von der Nationalpartei ihren politischen Antecedentien gemäß nach wie vor vertreten wurde, berührte ihn unangenehm.

Mußten die Männer dieses Kreises demnach auf persönlichen Einfluß verzichten, so waren sie deshalb doch keineswegs geneigt, die Dinge gehen zu lassen, wie sie gingen. Der Erbprinz war vielleicht auf andere Gedanken zu bringen, wenn die öffentliche Meinung ihm zu verstehen gab, daß es der Huldigungen nun genug sei und daß das Land entschlossenes Handeln von ihm erwarte. Zu diesem Zwecke schien es nothwendig, die bisher planlose Bewegung förmlich zu organisiren. Von allen Seiten mußte der Erbprinz gedrängt werden, nun endlich den entscheidenden Schritt zu thun, die Regierung des Landes zu übernehmen und, so lange es noch Zeit war, eine vollendete Thatsache zu schaffen, deren Beseitigung bei der in ganz Deutschland herrschenden Stimmung für den Bund ihre Schwierigkeiten haben mußte. Daß die Mehrzahl der Beamten sich, wie die Dinge damals standen, gutwillig fügen werde, schien unzweifelhaft; im entgegengesetzten Falle meinte man ausreichende Pressionsmittel gegen sie in der Hand zu haben.

Dies waren die Gesichtspunkte, welche bei der Gründung der Schleswig-Holsteinischen Vereine hauptsächlich maßgebend gewesen sind. Daß ein solcher Organismus sehr leicht eine Waffe in den Händen politischer Gegner werden könnte, verhehlte man sich schon damals keineswegs. Es war klar, daß Samwer die Organisation des Vereinslebens in seinem Interesse ausbeuten werde. Es mußte ihm von seinem Standpunkte aus sehr gelegen sein, wenn die öffentliche Meinung des Landes den Erbprinzen zur Uebernahme der Regierung drängte. Einerseits ließ sich damit ein höchst willkommener Druck auf den Bund ausüben, andererseits war Samwer überzeugt, daß sich der Erbprinz nicht zu übereilten Beschlüssen werde fortreißen lassen. Die Führer der Nationalpartei konnten sich indessen durch Erwägungen dieser und ähnlicher Art von ihrem Vorsatz nicht abbringen lassen. Samwer war allerdings als persönlicher Gegner des von ihnen vertretenen Standpunktes zu betrachten, allein wenn auch die Wege verschieden waren, noch blieb das Ziel ein gemeinsames.

Am 7. Januar 1864 wurde unter lebhafter Betheiligung zu Kiel der erste Schleswig-Holsteinische Verein gegründet und mehrere von den hervorragenden Mitgliedern der Nationalpartei in den Vorstand gewählt. Das Beispiel Kiels fand rasche Nachahmung. Noch im Laufe des Januar hatten sich in sämmtlichen Städten und selbst in vielen Dorfschaften Vereine gebildet; ihrer 50 traten am 29. Januar zu einer gemeinsamen Organisation zusammen und wählten einen engeren Ausschuß, der mit der Leitung der Vereinsangelegenheiten beauftragt wurde.

Die Vereine haben bekanntlich später eine nicht unbedeutende Rolle gespielt. Wir werden Gelegenheit haben, darauf zurückzukommen. Ihren nächsten praktischen Zweck sollten sie indessen nicht erreichen. Noch ehe die Agitation in Gang gesetzt werden konnte, traten Ereignisse ein, welche die Entwicklung der Schleswig-Holsteinischen Frage auf ganz neue Bahnen lenken und ihren Schwerpunkt, der vermöge einer eigenthümlichen Verkettung der Umstände bisher in den Herzogthümern selbst geruht hatte, in die Cabinette von Wien und Berlin verlegen sollten.

Es ist ein weit verbreiteter, weil populairer Irrthum, daß die Bewegung, von welcher das deutsche Volk während der letzten Wochen des Jahres 1863 ergriffen wurde, einen wesentlichen Einfluß auf den Gang der Schleswig-Holsteinischen Angelegenheiten geübt habe. Die Bewegung hatte es, wie wir gesehen haben, aller Anstrengungen ungeachtet, in ihrer besten Zeit, d. h. bis zum Schluß des Jahres, nicht dahin bringen können, die Anerkennung des Erbprinzen durch die Einzelstaaten durchzusetzen, geschweige denn durch den Bund. Vollends bedeutungslos war sie in den Augen der beiden Großmächte geblieben. Diese hatten den Erbprinzen in ihrer Stellung als Bundesmächte von Anfang an mit consequenter Feindseligkeit behandelt; in ihrer Eigenschaft als europäische Mächte fuhren sie fort, ihn völlig zu ignoriren. In den Verhandlungen mit Dänemark handelte es sich lediglich um Aufhebung der mit den Vereinbarungen von 1851/52 in Widerspruch stehenden November-Verfassung. Als über das Erfolglose dieser Verhandlungen kein Zweifel mehr obwalten konnte, stellten Oesterreich und Preußen am 28. December, also am Tage nach der großen Elmshorner Versammlung, am Bunde den Antrag, das Herzogthum Schleswig zu besetzen und so lange in Pfand zu behalten, bis die dänische Regierung die November-Verfassung aufgehoben und genügende Garantieen für die Durchführung der Vereinbarungen werde gegeben haben. Am 14. Januar wurde dieser Antrag von der Bundesversammlung — und hierin kann man vielleicht eine Einwirkung der Volksbewegung erblicken — mit 11 gegen 5 Stimmen abgelehnt. Oesterreich und Preußen erklärten hierauf, daß sie nunmehr auf eigene Hand vorgehen würden, und begannen sofort die nöthigen militairischen Vorkehrungen zur Besetzung Schleswigs zu treffen.

Es ist nicht leicht, in diesem Verhalten der beiden Großmächte einen irgendwie maßgebenden Einfluß der Volksbewegung zu entdecken. In der That gehört die Entstehung dieser Illusion einer späteren Zeit an. Damals pflegte man das Verfahren der beiden Mächte als „Verrath an den heiligsten Interessen der Nation" zu bezeichnen. Der Sechsunddreißiger-Ausschuß erklärte in einer Proclamation, das deutsche Volk blicke auf das Vordringen der Preußisch-Oesterreichischen Truppen mit „Scham und Entrüstung". Aehnliche Kraftworte konnte man in unzähligen Volksversammlungen hören.

Auch in Holstein machte sich diese Stimmung fühlbar. Die offene Parteinahme der Großmächte für das Londoner Protocoll, ihr feindseliges Auftreten gegen den Erbprinzen hatten nicht geringe Erbitterung erzeugt. Man hatte sich die Idee, mit Hülfe von deutschen Freiwilligen eine eigene Schleswig-Holsteinische Armee zu bilden und mit dieser unter persönlicher Führung des Erbprinzen Schleswig zu erobern, so schön ausgemalt: mit der Besetzung des Landes durch die Preußen und Oesterreicher mußten diese Aussichten verschwinden. Alles schien wieder ungewiß und in Frage gestellt.

Weniger ungünstig wurde die Situation in den Kreisen der Nationalpartei beurtheilt. Allerdings war man auch hier nicht frei von Besorgnissen hinsichtlich der letzten Ziele der verbündeten Mächte, und empfand man es drückend genug, daß dem Lande von nun an voraussichtlich jede Möglichkeit der Einwirkung auf die Entscheidung seiner Geschicke versagt sein würde. Allein es knüpften sich von der anderen Seite doch auch wieder Hoffnungen an das Vorgehen Preußens und Oesterreichs. Man mißtraute den Absichten der Cabinette; aber man gab sich der Erwartung hin, daß die Ereignisse sie nöthigen würden, über die von ihnen bezeichnete Linie hinauszugehen.

Desto ungemischter war der Verdruß in der Umgebung des Erb=
prinzen; Samwer sah seine Pläne auf das Empfindlichste durchkreuzt.
Die Besetzung des Landes durch die großmächtlichen Truppen wollte
in seine processualische Auffassung der Situation durchaus nicht hinein=
passen. Sein Hauptaugenmerk war darauf gerichtet, den Bund auch
gegen den Willen der Großmächte zur Anerkennung des Erbprinzen
zu veranlassen; befand sich Holstein aber in der Machtsphäre Preu=
ßens und Oesterreichs, so war es mindestens zweifelhaft, ob die recht=
liche Anerkennung auch thatsächlich zur Geltung gebracht werden konnte.
An die Bildung einer Armee war jedenfalls nicht zu denken, so lange
die Besetzung Holsteins dauerte. Nach allen Seiten mußte man Stö=
rungen und Hindernisse erwarten. Ihren krassesten Ausdruck fand die
bei „Hofe" herrschende Stimmung in den Aeußerungen des Generals
von Stutterheim, des designirten Oberbefehlshabers, wie es hieß,
der Schleswig=Holsteinischen Armee. Der General forderte ganz offen
zu bewaffnetem Widerstande gegen den Einmarsch der Preußisch=Oester=
reichischen Truppen auf, fand indessen der herrschenden Mißstimmung
ungeachtet nur wenig Anklang. Freilich war es auch den leitenden
Kreisen nie in den Sinn gekommen, die Ausführung dieser Drohung
ernstlich in's Auge zu fassen. Vielmehr zeigte sich gerade damals an
einem eclatanten Beispiel, daß man in der Umgebung des Erbprinzen
auf das Eifrigste bemüht war, jeden Verdacht revolutionairer Absichten
oder gewaltsamer Selbsthülfe fern zu halten. Unmittelbar nach dem
Bundesbeschluß vom 14. Januar, der in Holstein momentan die Hoff=
nung auf energischere Action des deutschen Central = Organs erregt
hatte, war von verschiedenen Orten des Landes her der Gedanke an=
geregt worden, eine Massen=Deputation nach Frankfurt zu schicken, um
dort einen Druck zu Gunsten der Anerkennung des Erbprinzen aus=
zuüben, und zugleich der ermattenden Volksbewegung in Süd=Deutsch=
land neue Nahrung zu geben. Der Landesausschuß hatte die Sache
aufgenommen, freilich ohne sich sonderliche Resultate davon zu ver=
sprechen. Auch der Erbprinz und seine Räthe schienen mit dem Unter=
nehmen einverstanden, bis ein am Tage vor der Abreise der Deputation
eintreffendes Schreiben des Herrn von Mohl aus Frankfurt sie
plötzlich anderen Sinnes machte und mit der Besorgniß erfüllte, daß

3*

die mittelstaatlichen Cabinette, denen man noch immer eine Bedeutung beilegte, welche die Thatsachen ihnen längst abgesprochen hatten, durch den anscheinend „revolutionairen" Schritt unangenehm berührt und dem erbprinzlichen Interesse entfremdet werden möchten. Der Erb= prinz selbst bot seinen ganzen Einfluß auf, um die leitenden Köpfe jetzt noch zum Aufgeben des Planes zu bestimmen; Samwer und Francke erschienen zu dem gleichen Zwecke eigens in der Sitzung des Landesausschusses. Als Alles vergeblich blieb, weil die Mitglieder des Ausschusses die ihrer Meinung nach ganz unbedenkliche Sache schon für zu weit gediehen hielten, um sie jetzt noch ohne Schaden für das Interesse des Landes aufgeben zu können, wurde Dr. Carl Lorenzen nach Hamburg, wo die Mitglieder der Deputation sich versammelten, nachgeschickt, um die weitere Reise wo möglich noch im letzten Augenblick zu hintertreiben. Auch dies war umsonst. Dr. Lorenzen kehrte unverrich= teter Sache nach Kiel zurück, und die Deputation trat ihren „Triumphzug" nach Frankfurt an, der übrigens bekanntlich weder nach der einen, noch nach der andern Seite das geringste practische Resultat gehabt hat.

An der großen Masse der Bevölkerung gingen diese Differenzen spurlos vorüber. Sie erfuhr nichts davon, konnte also auch nicht in ihrem Verhältniß zum Erbprinzen gestört werden. Die Stellung der Nationalpartei zum „Kieler Hofe" dagegen wurde durch diesen Zwischen= fall begreiflicher Weise nicht gebessert. Als die Ereignisse eintraten, welche die bedeutungsvollste Phase der Schleswig=Holsteinischen Ange= legenheit einleiten sollten, fanden sie die Männer, denen der Erbprinz seine bisherigen Erfolge zum guten Theil verdankte, zwar noch als Anhänger der von ihm vertretenen Sache, aber schon sehr ernüchtert über den Träger derselben, seine Rathgeber und seine Ziele.

IV.

Am 25. Januar 1864 rückten die ersten Bataillone des Preu= ßischen Occupations=Corps in Kiel ein. Sie wurden kalt empfangen, und die ersten Anordnungen des Commandirenden waren nicht geeignet, ein besseres Verhältniß zur Einwohnerschaft anzubahnen. Die Ent=

fernung der deutschen Fahne von der Hauptwache, das Verbot des
Exercierens der Freiwilligen, die angeordnete Einziehung der Ehren-
wache vor der Wohnung des Erbprinzen, alles das mußte die herrschende Verstimmung noch steigern. Schon nach wenigen Tagen
indessen trat ein Umschwung ein. Seit es keinem Zweifel mehr unter-
lag, daß die Verbündeten nicht an der Eider stehen bleiben, sondern
die Räumung Schleswigs mit Waffengewalt erzwingen würden, gewann
trotz allen Mißtrauens das richtige Gefühl der Massen die Oberhand.
Als die Preußen am 1. Februar früh Morgens über die Eider gingen,
wurden sie von einer großen Anzahl Kieler im Triumph begleitet.
Den verbündeten Armeen und ihrem siegreichen Vordringen gehörte
von nun an das Interesse der öffentlichen Meinung. Es war wenigstens für den Augenblick vergessen, daß es sich — mindestens nach
den amtlichen Erklärungen — nicht um eine Eroberung, sondern nur
um die Pfandnahme Schleswigs handelte. Die Preußen und Oesterreicher kämpften gegen Dänemark, das genügte, ihnen die Sympathien
der Bevölkerung zu sichern. So sehr in der That wurde die öffentliche Aufmerksamkeit von den Erfolgen des Schlachtfeldes in Anspruch
genommen, daß das Verhalten der Bevölkerung Schleswigs bei ihrer
Befreiung, der man mit so großer Spannung entgegengesehen hatte,
jetzt verhältnißmäßig nur wenig Beachtung fand. Und im Interesse der
Augustenburgischen Sache hatte man keine Ursache, dies zu bedauern.
Denn es läßt sich nicht läugnen, daß dasselbe weit hinter den Erwartungen derer zurückblieb, welche damals noch in der Sache des Erbprinzen die Sache der Nation erblickten. Zwar wurde der „Herzog"
in den meisten Orten proclamirt; allein die Bevölkerung betheiligte
sich im Ganzen nur sehr spärlich an diesen Acten. Dieselben verliefen
daher durchweg matt und schwunglos. In Eckernförde nahmen
beispielsweise nur etwa 200 Personen an der Proclamirung Theil,
darunter eine beträchtliche Anzahl preußischer Soldaten, welche dem
Schauspiel aus Neugierde beiwohnten. Noch matter fiel die Sache
in Flensburg und den nördlichen Städten aus. Ueberall im deutschen Theil des Landes zeigte sich die lebhafte Freude über die Befreiung von Dänemark. Dagegen war von jener Loyalität gegen das
Haus Augustenburg, welche sich in Holstein schon damals bemerklich

mächte, kaum eine Spur zu entdecken. Nach und nach verstand man sich zwar dazu, Huldigungs=Deputationen und Adressen nach Kiel zu schicken; allein dies geschah nicht sowohl aus dem Gefühl der An=hänglichkeit an die Person des Erbprinzen, als weil man darin eine politische Nothwendigkeit erblickte. So lange die letzten Ziele der Verbündeten dunkel blieben, kam es darauf an, fortwährend gegen die Erneuerung der Verbindung mit Dänemark zu protestiren und unter welchem Titel hätte das bei der Abneigung der Bevölkerung gegen alle revolutionairen Schritte anders geschehen können, wenn nicht unter dem des Augustenburgischen Erbrechts?

In Kiel konnte die Stimmung der Schleswiger kein Geheimniß bleiben. Wie freundlich man dieselben empfing, wie sehr die officiösen Stimmen ihre Loyalität preisen mußten; sie standen nicht in Gnaden. Samwer machte aus seiner Gestimmung gegen sie kein Hehl. „Wir verlassen uns auf unsere Holsteiner," sagte er einmal, „die Schleswiger sind gute Friedenssoldaten, aber schlechte Kriegssoldaten, mit den Hol=steinern ist es gerade umgekehrt." (!!)

Der Aerger über die Schleswiger war übrigens nur ein Symptom der in der Umgebung des „Herzogs" herrschenden Stimmung. Hatte man die Politik der verbündeten Mächte schon in ihren ersten Stadien mit Mißmuth betrachtet, so fand man nun in dem siegreichen Vordringen ihrer Heere unaufhörlich neuen Grund zu Verdruß und Besorgniß. Die eigene Unthätigkeit gegenüber dem energischen Vorgehen der Großmächte wurde peinlich empfunden. Man fürchtete über den Thaten von Oeversee und Düppel vergessen zu werden. Samwer gab dieser Stimmung gelegentlich offenen Ausdruck. „Dieser unglückliche Feldzug!" sagte er, „hätte man uns nicht Zeit lassen können, in drei bis fünf Jahren würden wir Schleswig befreit haben."

Wie hätte man von diesem Standpunkt aus nicht Alles auf=bieten sollen, um ein Gegengewicht gegen die Action der Großmächte zu schaffen? Noch immer glaubte man dasselbe in der Anerkennung des deutschen Bundes suchen zu müssen. Eine Lieblingsidee Samwer's ging dahin, den Bund durch das Schreckbild eines bevorstehenden Volks=aufstandes, durch das sog. „Simulacrum des Widerstandes" wie er es selbst nannte, einzuschüchtern. Später verfiel er auf den

Gedanken, der europäischen Diplomatie durch eine unter der Hand vorzunehmende notarielle Volksabstimmung zu Gunsten des Erbprinzen Friedrich zu imponiren u. s. w. Zugleich wurden die Vorbereitungen zur Neubildung der Schleswig=Holsteinischen Armee mit einer gewissen Ostentation fortgesetzt. Man erfuhr im Publicum, daß mit dem General von Stutterheim häufig militairische Berathungen gepflogen würden, daß eine Anzahl Geschütze (irren wir nicht, 2 Batterien) und einige tausend Gewehre angeschafft wären, daß fleißig an Uniformen gearbeitet würde und dergl. mehr.

So ernsthaft alle diese Dinge betrieben wurden, man behielt immer noch Zeit übrig für anscheinend weniger dringliche Fragen. Schon im Februar 1864 beschäftigte man sich mit der Revision des Staatsgrundgesetzes. Vorläufig wurde freilich nur ein Artikel dieser Verfassungsurkunde anstößig gefunden und zwar derjenige, welcher dem Souverain der Herzogthümer die Stiftung von Orden verbietet. Die Sache schien ihm wichtig genug, um mit einem einflußreichen Abgeordneten ausführlich darüber zu verhandeln. Dieser wies die ihm zugemuthete Mitwirkung entschieden zurück; in anderen Kreisen wurde darüber gespottet.

Bedeutsamer als diese ziemlich harmlosen Velleitäten war das gleichzeitig immer deutlicher hervortretende Bestreben, das Interesse des Landes in erster Linie an die dynastische Seite der Schleswig= Holsteinischen Frage zu stellen und das Augustenburgische Erbrecht in einer Weise zu betonen, welche den nationalen Standpunkt nicht zu seinem Rechte kommen ließ, wenn man damals auch noch weit entfernt war, ihn zu verläugnen. Der Grund lag nahe, wir haben ihn schon angedeutet. Man fühlte, daß es dem Hause Augustenburg schwerlich vergönnt sein werde, sich weitere Verdienste um die nationale Sache zu erwerben. Diese wurde von den beiden Großmächten, vorab von Preußen vertreten. Es kam also darauf an, sich für alle Eventualitäten einen festen Halt in der unbedingten Ergebenheit des Schleswig= Holsteinischen Volkes zu schaffen.

Es bedurfte nicht eben großer Kunst, um der Bevölkerung diesen Standpunkt mundgerecht zu machen. Bei der loyalen Schwärmerei für den Erbprinzen, welche damals schon in ganz Holstein Eingang gefunden hatte, war jede Doctrin, die von Kiel aus gepredigt wurde, der andächtigsten Aufmerksamkeit sicher, um wie viel mehr eine solche, die im Grunde nur den Neigungen und Interessen der Massen entsprach. Denn wenn auch eigentliche Pietät für das „angestammte Herrscherhaus" sich unter dem eigenthümlichen Verhältniß, in welchem die Herzogthümer seit Jahrhunderten zu Dänemark gestanden, nicht hatte entwickeln können, so war dagegen seit den letzten Jahren die politische Selbstständigkeit des Landes unzweifelhaft für die Masse der Bevölkerung ein „höchstes irdisches Interesse" geworden. Wie sollte sie auf den Gedanken kommen, daß der Fürst, welchen sie als den Träger dieses Interesses verehren gelernt hatte, sich mit Plänen tragen könne, welche unter Umständen das Interesse der Nation zu gefährden drohten? Auch die Mehrzahl der Gebildeten vermochten sich über diesen Standpunkt nicht zu erheben. Auch ihnen war die Trennung von Dänemark das höchste Ziel, und die gegebene Form dafür die Selbstständigkeit des Landes unter „Herzog Friedrich VIII." Daß unter Umständen die Beschränkung oder gar die Aufhebung dieser Selbstständigkeit im Interesse der nationalen Einigung nothwendig werden könne, diese Möglichkeit lag zu jener Zeit noch außerhalb ihres Gedanken=Kreises. Die starke Betonung des legitimen Erbrechts konnte in diesen Kreisen also um so weniger Anstoß erregen, als die Frage der Trennung von Dänemark noch nicht endgültig entschieden war, wenn man auch schon mit einer gewissen Zuversicht darauf zu rechnen anfing. In einem anderen Kreise endlich durchschaute man die Absichten des Kieler Hofes zwar deutlicher, hütete sich aber wohl, ihnen entgegenzutreten. Es war dies die Demokratie des Landes, als deren hauptsächlichster Vertreter der Advokat von Neergaard in Kiel zu betrachten ist. Diese Partei hatte sich dem Erbprinzen, der ihr an und für sich, ihren Grundsätzen gemäß, nichts weniger als sympathisch war, entschieden angeschlossen, weil sie in dem künftigen Kleinstaat Raum für ihre radikalen Experimente zu finden hoffte, und am Hofe nahm man sich wohlweislich in Acht, diese Bundesgenossen zurückzuweisen, so unzweifelhaft man im Stillen die Abneigung erwiderte, welche sie gegen die dynastisch=legitimistische Anschauungsweise des Erbprinzen fühlten und im Privatgespräch gelegentlich auch äußerten. In der That hat diese Demokratie

von Anfang an sich namhafte Verdienste um die Sache des Erbprinzen
erworben. Namentlich wußte sie vermöge jener Rührigkeit, welche die
extremen Parteien überall an den Tag legen, sehr bald in den
Schleswig-Holsteinischen Vereinen eine Rolle zu spielen, diesen Organismus mit der Demokratie zu verbinden und nach und nach in
das Interesse des Hofes zu ziehen.

Indessen so wenig man die Bundesgenossenschaft der Demokratie
verschmähte, in den intimen Kreis der Eingeweihten wurde sie aus den
angedeuteten persönlichen Gründen nicht aufgenommen. Man zog es
vor, sich mit angesehenen Männern der gemäßigt liberalen Richtung
zu umgeben. Schon früh hatte man deshalb begonnen, Beziehungen
mit der Universität anzuknüpfen. Namentlich galten die Professoren
Karsten, Fricke, Hänel und Behn sehr bald als Anhänger des
Erbprinzen per excellence. Auch manche Mitglieder der Nationalpartei wußte man zu sich herüberzuziehen, so den Dr. med. Stein-
dorff und den Banquier Dr. Ahlmann, der sich für die freiwillige
Anleihe interessirte und aus dieser Veranlassung schon in Gotha lebhafte Beziehungen zu dem Erbprinzen unterhalten hatte. Nicht minder
gelang es, mit der Geistlichkeit fruchtbare Verbindungen anzuknüpfen.
Probst Versmann in Itzehoe, der noch Anfang December erklärt
hatte, dem Prinzen nicht früher huldigen zu wollen, als bis der Bund
ihn anerkannt habe, und der denselben dann drei Wochen später an
der Spitze der Holsteinischen Geistlichkeit begrüßt hatte, galt für eine
persona grata bei Hofe, und Pastor Schrader in Kiel hielt die An-
nexion ohne Zweifel schon damals für „Sünde“.

Je weniger Schwierigkeiten den Bemühungen des „Hofes“ in
allen diesen Kreisen entgegentraten, desto schmerzlicher vermißte man
die Sympathien derjenigen Klasse, auf deren Freundschaft man, wie
die Dinge lagen, sicherlich den meisten Werth gelegt hätte: der Ritter-
schaft. Hier blieben alle Annäherungsversuche fruchtlos. Mit Ausnahme einiger und zwar nicht der angesehensten Persönlichkeiten verhielt
sich das Corps dem Erbprinzlichen Hofe gegenüber in kalter Reserve,
aus der sich dann später die entschiedenste Gegnerschaft entwickelt hat.

So wurden, während noch Ungewißheit und Zweifel über der
Zukunft des Landes schwebten, die Voraussetzungen jenes Conflicts

groß gezogen, der das Land noch heute in zwei Lager theilt und Di=
mensionen angenommen hat, welche damals noch Niemand voraussah.
Selbstverständlich auch die Führer der Nationalpartei nicht. Allein
je wahrscheinlicher es wurde, daß der Krieg zur Trennung der Her=
zogthümer von Dänemark führen werde, je mehr es daher erlaubt
schien, die Zukunft des Landes über diese Thatsache hinaus bestimmter
in's Auge zu fassen, desto lebhafter drängte sich ihnen die Ueberzeugung
auf, daß am Kieler „Hofe" Pläne gehegt würden, welche das nationale
Interesse an der Unabhängigkeit der Herzogthümer zu beeinträchtigen
geeignet waren, desto gleichgültiger mußte ihnen die Sache des Erbprin=
zen werden. So lagen die Dinge freilich noch nicht, daß man sich be=
rechtigt gehalten hätte, ihm entgegenzutreten, selbst wenn dies unter
den damaligen Umständen vom practisch politischen Standpunkte aus
thunlich gewesen wäre. So wenig man der Politik des Erbprinzen
und seiner Räthe nationale Motive zutraute, so wenig konnte man in
Abrede stellen, daß es sich bis jetzt doch nur um Velleitäten handelte.
Einer practischen Probe waren der Patriotismus und die Opferwillig=
keit dieser Kreise noch nicht unterworfen worden. Diese mußte jeden=
falls abgewartet werden, ehe sich ein endgültiges Urtheil über ihre Po=
litik fällen ließ, von der bis jetzt nur das über allen Zweifel fest stand,
daß sie keines kühnen Entschlusses fähig war. Allein soviel ergab sich
doch schon jetzt aus der Situation, daß die Partei wohl thun werde,
sich auf einen Conflict mit den bei Hofe geltenden Anschauungen vor=
zubereiten, und daß sie deshalb trachten müsse, sich ein eigenes Organ
in der Presse zu schaffen.

Die Umstände sollten diesen Plan begünstigen. Der Buchhänd=
ler Herzbruch zu Flensburg war auf den Gedanken gekommen, dort
ein die Interessen der deutschen Schleswiger vertretendes Blatt zu
gründen. Er kam Ende Februar nach Kiel, um sich nach einem Re=
dacteur umzusehen, und fand Römer um so mehr bereit, diese Stel=
lung anzunehmen, als auch seine persönlichen Verhältnisse es ihm wün=
schenswerth machten, eine neue journalistische Thätigkeit zu finden.
Am 24. März erschien die erste Probenummer der „Norddeutschen
Zeitung". Das Programm sprach sich in der entschiedensten Weise
für die Unabhängigkeit der Herzogthümer von Dänemark aus, vermied

es aber, deren politische Selbstständigkeit zu betonen, und schwieg gänz=
lich über die Person des Erbprinzen. Dies und die ausgesprochene
Sympathie für Preußen, welche das neue Blatt von Anfang an an
den Tag legte, machte es in Kiel sehr bald mißliebig und trug dazu bei,
die dort herrschende Verstimmung gegen die Partei noch zu vermehren.

Während so in den Herzogthümern die ersten Anzeichen der sich
entwickelnden Parteigegensätze bereits öffentlich hervorzutreten anfingen,
sollte noch einmal der Versuch gemacht werden, die deutsche Zukunft des
Landes selbst in Frage zu stellen. Dem unermüdlichen Eifer der eng=
lischen Diplomatie war es gelungen, die Zustimmung der Großmächte zu
einer Conferenz in London zu erlangen, auf welcher allem Anschein
nach das Schicksal Schleswig-Holsteins entschieden werden sollte. So
wenigstens glaubten diejenigen in= und außerhalb der Herzogthümer
— und es waren die meisten —, welche den festen Willen der die Ge=
schicke Preußens lenkte, noch nicht hinlänglich würdigen gelernt hatten.

Dieser drohenden Gefahr gegenüber schien es nothwendig, noch
einmal eine großartige Kundgebung der Bevölkerung gegen die Ab=
sichten der europäischen Diplomatie zu veranstalten. Die Führer der
Nationalpartei faßten demnach zu Anfang April den Beschluß, eine
Massenversammlung nach Rendsburg zu berufen. Noch ehe indessen
die Vorbereitungen beendigt waren, trat ein Ereigniß ein, durch welches
die Situation wesentlich verändert wurde.

Am 18. April wurden die Düppeler Forts von den Preußen
mit Sturm genommen; drei Tage später erschien König Wilhelm
selbst in Schleswig. Niemand bezweifelte mehr, daß damit die Frage
der Trennung Schleswig-Holsteins von Dänemark für Preußen mo=
ralisch entschieden war. Diese Thatsache mußte die Nationalpartei
der Sache des Erbprinzen, welche für sie von nun an nicht mehr mit
der der Nation zusammenfiel, innerlich noch mehr entfremden; zugleich
mußte es sie aber auch mit neuen Hoffnungen auf Preußen erfüllen
und alle alten Sympathien wieder beleben. Zunächst mußte diese
veränderte Stellung bei Gelegenheit der projectirten Massenversamm=
lung hervortreten. Kam es vorher nur darauf an, eine Demonstra=
tion gegen Dänemark zu machen, so wurde der maßgebende Gesichts=
punkt jetzt, die Preußische Diplomatie bei ihren auf die Unabhängigkeit

der Herzogthümer gerichteten Bestrebungen zu unterstützen. Von die=
sem Standpunkte aus erschien es jedenfalls bedenklich, die Person des
Erbprinzen auf der Versammlung in den Vordergrund zu stellen.
Sollte die Preußische Regierung ein reales Interesse an der Befreiung
der Herzogthümer haben, so durfte man ihr nicht zumuthen, an der
Herstellung eines unabhängigen Kleinstaats arbeiten zu helfen, mit
dessen präsumtivem Souverain sie überdies längst auf gespanntem
Fuße stand. Erklärte sich die Versammlung abermals ausdrücklich für
das Recht des Erbprinzen, so mußte das nothwendiger Weise in Berlin
verstimmend wirken und den Eifer für die Sache abschwächen. Aus
diesem Grunde versuchte Römer bei der Feststellung der Resolution
die Uebergehung des Erbprinzen durchzusetzen. Allein er blieb mit
seiner Ansicht isolirt. Selbst Männer, die ihm schon damals politisch
nahe standen, erklärten sich auf das Entschiedenste dagegen, theils aus
Rücksicht auf die öffentliche Meinung, theils weil sie sich aller Ver=
stimmungen ungeachtet noch immer von einer gewissen Loyalität gegen
die Person des Erbprinzen nicht frei machen konnten.

Am 8. Mai, dem Jahrestage des Londoner Vertrages, versam=
melte sich eine überaus zahlreiche Menschenmenge auf dem Paradeplatz
zu Rendsburg; sie wurde damals auf 40,000 geschätzt. Advocat
Wiggers präsidirte. Die vorgelegte Resolution verlangte die „Unab=
hängigkeit Schleswig=Holsteins unter seinem rechtmäßigen Fürsten Her=
zog Friedrich VIII." Dieselbe wurde ohne Widerspruch angenommen.
Die Stimmung war im Ganzen belebt, doch zeigte sich nur wenig
von jener Begeisterung, wie sie in Elmshorn zu Tage getreten war.

Der Eindruck entsprach im Ganzen den Erwartungen nicht. Die
ausländische Presse, auf die man Angesichts der Londoner Conferenz
hatte wirken wollen, nahm wenig Notiz von der Versammlung. In
Preußen war man höchst unangenehm berührt, und zwar keineswegs
blos in den Regierungskreisen, sondern auch im Volke selbst. Der
Erbprinz und seine Räthe hatten auch bei den liberalen Parteien
längst die Sympathien verloren, welche sie dort so lange besessen hat=
ten, als man ihnen energisches Handeln im nationalen Sinne zutraute.
War schon sehr bald nach der erfreulichen Wendung, welche die Dinge
seit dem Tage von Düppel genommen hatten, in Preußischen Blättern

ohne Unterschied der Parteifarbe der Gedanke aufgetaucht, daß Preußen die befreiten Herzogthümer in keinem Falle sich selbst überlassen, sondern sich im Interesse der Nation eine bleibende Stellung dort sichern müsse, so schien es bei der in Rendsburg unzweifelhaft zu Tage getretenen particularistischen Stimmung nun doppelt nothwendig, die Schleswig=Holsteiner daran zu erinnern, daß sie nicht deshalb mit Preußischem Blut befreit seien, um fortan ein behagliches Stillleben zu führen. Die bedeutendste Kundgebung in dieser Richtung war die bald nach der Rendsburger Versammlung veröffentlichte Adresse des Grafen Arnim=Boitzenburg, in welcher der König gebeten wurde, unter allen Umständen einen engeren Anschluß der Herzogthümer an Preußen herbeizuführen. In wenigen Tagen erhielt diese Adresse Tausende von Unterschriften, von Männern aller Parteien. Feudale wie Demokraten stimmten darin überein, daß Preußisches Blut nur für ein wirkliches Interesse des Preußischen Staates vergossen werden dürfe.

Die Führer der Nationalpartei in den Herzogthümern hatten mit ihrer Ansicht in dieser Frage bisher zurückgehalten, weil sie der Meinung waren, daß die Initiative naturgemäß dem Erbprinzen gehöre. Ihm kam es zu, den ersten Schritt zur Verständigung mit der Regierung zu thun, der das Hauptverdienst der Befreiung des Landes von den Dänen gebührte, und die auch jetzt, nachdem in den militairischen Operationen ein Stillstand eingetreten, der gesammten europäischen Diplomatie gegenüber das nationale Recht Schleswig= Holsteins allein energisch vertrat. Am „Kieler Hofe" schien man jedoch hierzu keine Anstalten treffen zu wollen. Im Gegentheil, es zeigte sich in den maßgebenden Kreisen eine unverkennbare Gereiztheit gegen Preußen. Schon damals konnte man hie und da das Schlagwort hören: Preußen verdiene keinen Dank, es habe nur gut gemacht, was 1851 verschuldet worden. Als auch nach dem Bekanntwerden der Arnim'schen Adresse von Kiel aus kein Lebenszeichen gegeben wurde, glaubte die Partei nicht länger mit ihrer Ansicht zurückhalten zu dürfen. Einerseits, weil sie sich im nationalen Interesse verpflichtet hielt, für die berechtigten Forderungen Preußens einzutreten, andererseits aber auch im Interesse des Erbprinzen. Daß das letzte Ziel der Preußischen Politik die Einverleibung der Herzogthümer sei, glaubte

man damals Angesichts der Schwierigkeiten der Situation nicht an=
nehmen zu dürfen; andererseits erschien es aber auch unzweifelhaft,
daß das Berliner Cabinet nicht gesonnen sei, hinter den Erwartungen
des Volks zurückzubleiben und sich mit leeren Händen aus Schleswig=
Holstein zurückzuziehen. Lag also dem Erbprinzen etwas daran, von
Preußen als Herzog von Schleswig=Holstein anerkannt zu werden —
und Angesichts der thatsächlichen Machtverhältnisse mußte ihm daran
mehr gelegen sein, als an der Anerkennung Oesterreichs und des
Bundes — so durfte er die von Preußen verlangten Zugeständnisse
nicht zurückweisen, sondern mußte versuchen, sich baldmöglichst mit
diesen zu verständigen. Je aufrichtiger die Partei das National=
Interesse mit dem des Erbprinzen zu vereinigen wünschte, desto mehr
mußte ihm daran gelegen sein, sich mit ihm womöglich über ein ge=
meinschaftliches Vorgehen zu verständigen. Man täuschte sich nicht
darüber, daß hierzu nur sehr wenig Aussicht vorhanden war. Gleich=
wohl wurde der Versuch unternommen. Ein Mitglied der Partei
ging gegen Mitte Mai nach Kiel, um Samwer die Absicht der Partei
mitzutheilen und ihn zugleich um Auskunft über die Stellung des
Erbprinzen zu der brennenden Frage zu ersuchen.

Die Unterredung fiel durchaus unbefriedigend aus. Samwer er=
klärte sich entschieden gegen alle Zugeständnisse an Preußen, besonders
aber gegen die Befürwortung desselben durch die inländische Presse.
Sein Standpunkt, meinte er, sei hinlänglich bekannt. Niemand könne
im Princip eifriger für die Preußische Hegemonie eingenommen sein,
als er; allein es sei durchaus nicht opportun, diese Frage jetzt zu
einer praktischen zu machen. Das müßte Oesterreich und den deutschen
Bund verletzen, auf die man doch auch Rücksichten zu nehmen habe,
mehr vielleicht als auf Preußen, das unzuverlässig sei und dem man
nicht trauen könne. Auf die einzelnen Punkte übergehend, bestritt er
ferner ausdrücklich die Nothwendigkeit einer Flottenconvention mit
Preußen. Dasselbe habe kein Interesse am Kieler Hafen,
das sei ein überwundener Standpunkt. Auch mit seinen Be=
denken gegen den Eintritt der Herzogthümer in den Zollverein hielt
er nicht zurück. Wenn sich der Gedanke auch nicht ohne Weiteres
zurückweisen lasse, so sei das doch eine Sache, die wohl überlegt sein

wolle. Der Gesammteindruck der langen Verhandlung war der, daß man am erbprinzlichen Hofe von wirksamen Zugeständnissen an Preußen nichts wissen, sondern seine zukünftigen Hoheits=Rechte möglichst un= geschmälert bewahren wolle. Ein anderes Mitglied der Nationalpartei, welches kurz darauf ein Gespräch mit Samwer über denselben Gegen= stand hatte, empfing einen ganz ähnlichen Eindruck. Auf diesem Wege war also nichts zu erreichen. Die Nationalpartei hatte das Ihrige ge= than, um eine Verständiguug herbeizuführen: jetzt war sie nicht nur berechtigt, sondern verpflichtet, was sie für das·Interesse des Landes hielt, auf anderem Wege zu fördern. Konnte man den Erbprinzen nicht überzeugen, so war es wohl des Versuches werth, ob nicht das Land zu gewinnen sei. Ohne Zweifel würde denn auch schon damals die Agitation für die Preußischen Forderungen begonnen haben, wenn nicht unerwarteter Weise die Londoner Conferenz eine Wendung genommen hätte, welche es dem „Kieler Hofe" noch einmal so nahe legte, den ersten Schritt zur Verständigung mit Preußen zu thun, daß es An= standspflicht schien, den weiteren Verlauf einstweilen abzuwarten.

Am 28. Mai sagten sich beide Großmächte förmlich vom Londoner Protocoll los und erklärten zugleich den Erbprinzen Friedrich von Augustenburg für den bestberechtigten Prätendenten der Herzogthümer. Am 31. Mai reiste der Erbprinz nach Berlin ab, wie alle Welt glaubte, um mit der Preußischen Regierung ein Abkommen zu treffen.

<hr />

V.

Durfte es der Erbprinz Friedrich bei Beginn des Jahres zu gutem Theil eigenem Verdienste zuschreiben, wenn er das Land für sich gewonnen und damit einen großen Schritt auf der vorgezeichneten Bahn vorwärts gethan hatte, so hatte es 6 Monate später den Anschein, als wolle ein glückliches Geschick ohne sein Zuthun die letzten Hinder= nisse hinwegräumen. Die beiden Großmächte, welche damals am Bunde seine Entfernung beantragten und später in's Feld gezogen waren mit der ausdrücklichen Erklärung, das Londoner Protocoll aufrecht zu erhalten, hatten sich jetzt auf die Gefahr eines Krieges mit ganz Europa von

jenem Vertrage losgesagt, und erklärten den Erbprinzen ausdrücklich
für den bestberechtigten Thronerben des Landes, welches sie mit be-
trächtlichen Opfern an Blut und Geld erobert hatten. Bedingungs-
los war diese Anerkennung freilich nicht gestellt. Diejenige der beiden
Mächte, welche den Impuls zu der Action gegeben, dann im Felde,
wie am grünen Tisch das Beste gethan hatte und vermöge ihrer überlegenen Machtstellung im Norden Deutschlands unzweifelhaft die Situation beherrschte — Preußen — machte, wie Jedermann wußte,
die Anerkennung des künftigen Souverains der Herzogthümer von gewissen politischen Zugeständnissen abhängig, welche es im Interesse
seiner nationalen Aufgabe fordern zu müssen meinte. Daß seine Forderungen nicht extravaganter Natur sein würden, das durfte aus dem
Stand der Dinge zuversichtlich gefolgert werden, welcher der Preußischen Regierung aller bisherigen Erfolge ungeachtet eine möglichst be-
schleunigte Lösung der Schleswig-Holsteinischen Frage wünschenswerth
erscheinen ließ. Es hing also lediglich vom Erbprinzen ab, ob er in
kürzester Frist anerkannter Landesherr sein wollte. Der Erbprinz war
nach Berlin abgereist. Konnte man noch zweifeln, daß er seinen Ent-
schluß gefaßt habe?

Um so größeres Erstaunen mußte es erregen, als in den ersten
Tagen des Juni die officiösen Preußischen Blätter die heftigsten Angriffe
gegen den Erbprinzen brachten und ihn beschuldigten, alle Zugeständnisse
rundweg abgeschlagen zu haben. Das Kieler Preßbureau antwortete
in höchst gereiztem Tone mit der Gegenbeschuldigung, man habe dem
Erbprinzen Zumuthungen gestellt, die mit seiner Ehre als selbststän-
diger Souverain nicht zu vereinbaren gewesen seien, und die er überdies
nicht ohne Zustimmung der Landesvertretung habe bewilligen können.

Der wahre Sachverhalt ist seitdem hinlänglich aufgeklärt worden.
Aber schon damals konnte der Zusammenhang Denjenigen, welche die
in den leitenden Kieler Kreisen herrschende Stimmung kannten, kaum
zweifelhaft sein. Man war dort — das stand fest — aus allen mög-
lichen Gründen gegen alle Zugeständnisse an Preußen. Die unver-
muthet günstige Wendung, welche die Landessache nicht nur, sondern
auch speciell die des Erbprinzen durch die Erklärung der beiden deutschen
Großmächte vom 28. Mai genommen hatte, bewirkte in Kiel nicht

etwa, wie man hätte annehmen sollen, die Geneigtheit, den günstigen Moment zu benutzen und sich mit Preußen zu verständigen, sondern das Gegentheil. Samwer glaubte in der Erklärung Preußens zu Gunsten des Erbprinzen eine Schwäche seiner Position zu entdecken, die sich mit Hülfe Oesterreichs und des Bundes wohl dazu be= nutzen ließ, die Anerkennung auch ohne die verhaßten Zugeständnisse zu erlangen. In dieser Ueberzeugung reiste der Erbprinz nach Berlin, und aus diesem Grunde wollte er sich auf die Vorschläge des Herrn v. Bismark nicht einlassen. Sehr wesentlichen Antheil an dieser Wendung der Dinge hatte übrigens auch Herr v. Wydenbrugk, der Bevollmächtigte des Erbprinzen am Wiener Hofe. Dieser erschien un= mittelbar nach jener Erklärung vom 28. Mai in Kiel und bot Alles auf, um den Erbprinzen von allen Zugeständnissen an Preußen abzu= halten, was ihm um so leichter gelang, als er sich genau derselben Argumente bediente, welche man vom Sophienblatt aus den Freunden Preußens entgegenzuhalten pflegte.

Unter diesen Umständen konnte bei der Nationalpartei von wei= teren Rücksichten gegen die Stellung des Erbprinzen keine Rede sein. Am 7. Juni traten in Flensburg verschiedene Mitglieder der Partei zu einer Besprechung zusammen. Man beschloß, die Agitation für die berechtigten Forderungen Preußens unverzüglich aufzunehmen, wo= bei die nächste Aufgabe selbstverständlich der Presse zufiel. Die Fest= stellung weiterer Schritte sollte einer größeren Versammlung vorbehal= ten bleiben. Unmittelbar darauf eröffnete dann die „Norddeutsche Zeitung" den Feldzug. Im Laufe einiger Tage brachte sie eine Reihe von Artikeln, welche sich sämmtlich sehr entschieden, vorläufig freilich nur in allgemeinen Wendungen, für die berechtigten Forderungen Preußens aussprachen und das Land vor jener Unterschätzung der norddeutschen Großmacht warnten, wie sie damals am Kieler Hofe und in Folge dessen auch in weiteren Kreisen zum guten Ton zu gehören anfing. Der Eindruck war kein geringer. Bei Hofe fühlte man sich höchst unan= genehm berührt. Man war dort bisher gewohnt gewesen, die Bevöl= kerung blind jeder Parole folgen zu sehen, welche man auszugeben für gut fand, und nun wurde aus dem Lande selbst der Versuch gemacht, in einer politischen Lebensfrage die Initiative zu ergreifen und einen

Druck auf den „allerhöchsten Willen" zu üben, dessen Tragweite sich
noch nicht übersehen ließ, und der unter Umständen jene Freiheit der
Entschließung, auf welche man so großen Werth legte, in bedenklicher
Weise beschränken konnte. Und in der That hatte es eine Zeit lang
den Anschein, als ob diese Befürchtungen nicht ganz unbegründet seien.
Die öffentliche Meinung der Herzogthümer zeigte sich mindestens sehr
getheilt. Während in Holstein die particularistische Anschauung, wie sie
vom Hofe gepflegt wurde, im Allgemeinen überwog, hatte die „Nord=
deutsche Zeitung" in Schleswig unzweifelhaft die Mehrheit der poli=
tisch Denkenden für sich. Man befand sich dort noch unter dem frischen
Eindruck der Waffenthaten, welche die Befreiung des Landes herbei=
geführt hatten; eben jetzt sah man sich durch die Eroberung von Alsen,
welche auch das letzte Stück Schleswigschen Bodens den Dänen entriß,
zu neuem Dank verpflichtet. Man war damals in Schleswig schon
gut „herzoglich", weil man sich gewöhnt hatte, diese Lösung als die
einzig mögliche zu betrachten und weil sie den auch hier vorhandenen
starken particularistischen Neigungen am meisten entsprach. Allein man
war sich des Gegensatzes zwischen dem Interesse Preußens und dem
des „Herzogs Friedrich" noch nicht bewußt geworden. Aber auch
der Holsteinische Particularismus trug ein anderes Gepräge, als später.
Es war schon damals um eine starke Schattirung weniger preußen=
freundlich, als der Schleswigsche. Der Eindruck der Befreiung konnte
dort selbstverständlich nicht so tiefgehend sein, als nördlich der Eider.
Allein, einige wenige Fanatiker abgerechnet, fiel es in Holstein damals
noch keinem Menschen ein, den Anschluß an Preußen, wie er von der
„Norddeutschen Zeitung" gefordert wurde, für Vaterlandsverrath oder
Verletzung der dem „Herzog" schuldigen Treue zu halten. So in
der That standen damals noch die Dinge, daß die Nationalpartei sich
eines ersten Erfolges gegen die vom „Hofe" begünstigte Auffassung
rühmen durfte. Am 19. Juni war in Rendsburg von einer Anzahl
dort versammelter Mitglieder der Partei beschlossen worden, den Aus=
schuß der Schleswig=Holsteinischen Vereine zu einer Adresse an den
Erbprinzen im Sinne der von der „Norddeutschen Zeitung" aufge=
stellten Forderungen zu veranlassen. Bei der damaligen Zusammensetzung
des Ausschusses ward dies ohne viele Mühe durchgesetzt. Am 30. Juni

wurde die Adresse dem Erbprinzen überreicht. Er war durch dieselbe, wie man später erfuhr, höchst unangenehm berührt, hielt es aber bei der damals noch herrschenden Stimmung nicht für angemessen, seinen Verdruß merken zu lassen, sondern antwortete in freundlichen, wenn auch sehr allgemein gehaltenen Worten.

Bei alledem dachte man in den Kreisen der Nationalpartei keineswegs sanguinisch genug, um sich dauernde Erfolge zu versprechen. Man wußte recht wohl, daß die natürlichen Neigungen der Massen durchweg auf Seiten des „Hofes" waren und daß es nur darauf ankommen werde, diese instinctiven Triebe zum vollen Bewußtsein ihrer selbst zu erwecken, um ihnen wenigstens für eine Zeit lang den vollständigsten Sieg über eine Anschauung zu sichern, die sich jedenfalls im entschiedensten Gegensatze zu den populairen Traditionen und Vorurtheilen befand, wie sie in den Herzogthümern gäng und gebe waren.

Am „Kieler Hofe" war man über diesen Stand der Dinge natürlich ebensowenig im Zweifel. Man hatte dort längst seine Vorbereitungen getroffen, um die natürlichen Vortheile der Lage unter Umständen ausnutzen zu können. So lange es an einem offenen Gegensatze fehlte, war hierzu keine Veranlassung gewesen. Jetzt war dieser Gegensatz hervorgetreten. Nicht nur in Preußen, nein, auch im eigenen Lande war eine Richtung aufgetaucht, die den „Landesherrn" nöthigen wollte, in ein Abhängigkeitsverhältniß zu der Krone Preußen zu treten, wie es nicht einmal dem kleinsten der deutschen Kleinstaaten zugemuthet wurde. Eine so gefährliche Ansicht durfte man nicht groß wachsen lassen; das schwächte unzweifelhaft die Position des Erbprinzen, der ja keineswegs abgeneigt war, Preußen einige Concessionen zu machen, nur mußten diese aus seinem eigenen freien Willen hervorgehen und nicht von dem Lande aus Preußen entgegengetragen werden. Das Volk mußte zum Bewußtsein gebracht werden, daß eine kleine Partei im Begriff stand, seine Selbstständigkeit dem einseitigen Interesse eines fremden Staates Preis zu geben.

Bei alledem scheute man sich doch, den offenen Bruch herbeizuführen. Die Nationalpartei stand mit ihren Forderungen keineswegs isolirt, sie hatte in der liberalen Presse namentlich Norddeutschlands energische Unterstützung gefunden. Es schien nicht rathsam, diese Or-

4*

gane, die ohnehin geneigt waren, das Verhalten des Erbprinzen und seiner Räthe mit Mißtrauen zu betrachten, durch offenes Spiel über die letzten Ziele des „Hofes" in's Klare zu setzen. So hätten die Dinge vielleicht noch lange in der Schwebe gehalten werden kön= nen, wenn nicht von Seiten der entschiedeneren Mitglieder der Na= tionalpartei selbst ein Schritt geschehen wäre, welcher willkommenen Anlaß zum Beginn der Feindseligkeiten bot. In der ersten Hälfte des Juli erschien in der „Norddeutschen Zeitung" ein Artikel, welcher die interimistische Verwaltung Schleswigs durch die Großmächte auch auf das damals noch unter der Autorität des Bundes stehende Hol= stein ausgedehnt wissen wollte. Dies brachte unter der mit dem Hofe verbündeten holsteinischen Demokratie heftige Aufregung hervor. Der Kieler „Schleswig=Holsteinische Verein", der sich gänzlich unter dem Einfluß dieser Richtung befand, faßte eine Resolution, daß die Nord= deutsche Zeitung sich des „Vaterlandsverrathes" schuldig gemacht habe; einige andere Vereine mit ähnlicher Tendenz folgten. Das Organ der Partei, die „Schleswig=Holsteinische Zeitung", eröffnete eine wüthende Polemik gegen die „Norddeutsche Zeitung". Für jetzt be= schränkte sich die Agitation freilich auf Holstein. In Schleswig hatte man noch kein rechtes Verständniß für die Befürchtungen der Holsteiner. Es fanden sogar Demonstrationen für die Auffassung der „Norddeutschen Zeitung" statt. Am 20. Juli beschloß eine Versammlung von größeren Grundbesitzern in Schleswig eine Adresse an die Civil=Commissaire, worin um Vereinigung der Herzogthümer unter der Verwaltung der Großmächte gebeten wurde.

Am „Kieler Hofe" folgte man den Vorgängen in Holstein mit großer Genugthuung. In der That schien die schwierige Frage, wie man den Bestrebungen der Nationalpartei wirksam entgegentreten könne, ohne sich doch in den Augen des bundesstaatlich = liberalen Deutsch= lands zu compromittiren, gelöst. Die Gegner selbst hatten den An= laß zum Beginn der Feindseligkeiten geboten; sie hatten die Gefühle des Landes verletzt, es war eine Agitation gegen sie entstanden, aber Niemand konnte sagen, daß der Erbprinz oder seine Räthe dieselbe ver= anlaßt hatten. Der Hof erschien äußerlich als das über den Parteien stehende beruhigende und vermittelnde Element, obwohl er im Stillen

entschieden Partei ergriffen, ja gradezu die Leitung der particularistischen Agitation in die Hand genommen hatte. Eine ähnliche Stellung
hat der Erbprinz dann zu allen Differenzen der Parteien genommen,
auch heute hat er die Maske noch nicht gänzlich fallen lassen, obgleich
er überzeugt sein muß, daß das Spiel längst durchschaut ist. Zunächst
also wies man ostensibel jede Betheiligung an der Agitation gegen die
Nationalpartei zurück. Wir haben z. B. nicht den geringsten Grund
zu bezweifeln, daß Herr Sammer die Hand mit im Spiel gehabt hat,
als auf der Delegirten-Versammlung der Schleswig-Holsteinischen Vereine
am 25. Juli der Antrag des Ausschusses zu Gunsten des Anschlusses
der Herzogthümer an Preußen in militairischer und diplomatischer Beziehung mit freilich sehr geringer Mehrheit abgelehnt wurde. Aeußerlich freilich gab sich die Hofpartei damals den Anschein, als sei sie
mit den Bestrebungen des Particularismus nicht einverstanden. Und
dieses Verfahren wurde consequent fortgesetzt. Während die Führer
der Nationalpartei Beweise im Ueberfluß dafür in Händen hatten, daß
man von Kiel aus im Stillen fortwährend bemüht war, ihren Einfluß zu
untergraben und die particularistische Richtung der Massen zu nähren,
erklärten der Erbprinz und seine Räthe bei jeder Gelegenheit, daß es an
ihnen nicht liegen werde, wenn eine Verständigung mit Preußen nicht zu
Stande komme, bedauerten sie die craß particularistische Richtung der
„Schleswig-Holsteinischen Zeitung" und den Fanatismus mancher Vereine
und hielten darauf, daß dieser Standpunkt auch in dem Organ des
„Hofes", der „Kieler Zeitung", vertreten wurde. Man ging so weit, daß
man auch mit der Nationalpartei wieder anzuknüpfen suchte Seit dem
Herbst 1864 erhielt die „Norddeutsche Zeitung" häufig Artikel aus
dem erbprinzlichen Preßbureau, die sich meist in der entschiedensten
Weise gegen den hypernativistischen Standpunkt einiger Holsteinischen
Blätter aussprachen, und in der That mit dem damaligen Standpunkt
der Partei so ziemlich im Einklang standen. Zum Theil mag dies
freilich der persönlichen Stellung des Leiters des Preßbureaus zuzuschreiben sein, welcher von Anfang an der Richtung der Nationalpartei zuneigte, allein immerhin hätte derselbe ohne Zustimmung des
Erbprinzen und seiner Räthe nicht in diesem Sinne schreiben dürfen.

Wie im Innern, so verfuhr man auch nach Außen. Während

es im Lande kein Geheimniß war, daß man im Stillen mit allen Fein=
den Preußens conspirirte, bald auf eine Coalition Oesterreichs mit den
Mittelstaaten, dann wieder auf eine Intervention der Westmächte oder
gar Rußland rechnete, gab man sich doch den Anschein, als wolle man
sich ehrlich mit Preußen verständigen. Herr v. Ahlefeld wurde im
Herbst 1864 nach Berlin geschickt, zugleich erhielten sämmtliche dem
erbprinzlichen Preßbureau zugänglichen Blätter die Parole, die Bereit=
willigkeit zu Zugeständnissen an Preußen im glänzendsten Lichte zu
schildern und gegen jeden Verdacht particularistischer Tendenzen auf
das Entschiedenste zu protestiren. Als dann die Mission des Herrn
v. Ahlefeld scheiterte, und derselbe unverrichteter Sache nach Kiel zu=
rückkehrte, da lehnte man feierlich jede Verantwortlichkeit von sich ab
und legte die Fruchtlosigkeit der Verhandlungen dem Herrn v. Bismark
zur Last, der Unmäßiges gefordert habe.

Diese Taktik verfehlte ihre Wirkung nicht. Es gelang der erb=
prinzlichen Politik dadurch in der That, den größten Theil der liberalen
Presse selbst Norddeutschlands in ihrem Interesse zu erhalten. Die
Augustenburgische Erbfolge wurde ohne Ausnahme als die einzig
mögliche Lösung der Schleswig=Holsteinischen Frage angesehen; annexio=
nistische Velleitäten, welche schon hier und da auftauchten, fanden ent=
weder keine Beachtung, oder wurden mit einer gewissen Entrüstung
zurückgewiesen. An dem ehrlichen Willen des Erbprinzen zu zweifeln,
galt vielfach als frivol und verwerflich.

Die Führer der Nationalpartei sahen die Dinge selbstverständlich
in einem ganz anderen Lichte. Ihnen konnten die wahren Triebfedern
der erbprinzlichen Politik nicht entgehen; sie waren in der Lage, das
doppelte Spiel, das man in Kiel spielte, fast Zug für Zug verfolgen
zu können. Sie wußten, daß man dort am liebsten gar keine Zugeständ=
nisse gemacht hätte, in jedem Falle aber so wenig wie möglich zu geben
entschlossen war. Gleichwohl sahen sie sich außer Stande, den Plänen
des Erbprinzen wirksam entgegenzutreten. Diesem war es gelungen,
die Stimmung im Lande dermaßen für sich zu gewinnen, daß jeder
Versuch, die Bevölkerung über den wahren Sachverhalt aufzuklären,
zu keinem anderen Ergebniß geführt haben würde, als die Partei um
den letzten Rest von Einfluß zu bringen, den sie noch besaß. Wollte

sie diesen nicht gänzlich verlieren, so war sie genöthigt, auch ihren Theils, aller innerlichen Verfeindung ungeachtet, äußerlich in einem gewissen Einvernehmen mit dem „Hofe" zu bleiben. Dies konnte um so weniger aufgegeben werden, als auch die Mitglieder der Nationalpartei damals keine andere Lösung der Schleswig=Holsteinischen Frage für wahrscheinlich hielten, als die Augustenburgische, nur mit dem Unterschiede, daß sie die Souverainetät des neuen Staates, dem Interesse Preußens und der Herzogthümer entsprechend, beschränkt zu sehen wünschten, während man in Kiel die möglichst ungeschmälerte Souverainetät anstrebte. Worauf hin hätte man auch eine andere Lösung anstreben sollen? Die preußische Regierung hatte in keiner Weise zu verstehen gegeben, daß ihre Wünsche über ein bundesstaatliches Verhältniß hinausgingen. Die Nationalpartei konnte aber unmöglich mehr verlangen, als Herr von Bismarck. Sie hielt deshalb bei aller persönlichen Abneigung gegen die Kieler Politik an dem im Sommer aufgestellten Programm fest, und resignirte auf alle weitergehenden Wünsche. So kam es, daß die „Norddeutsche Zeitung" noch zu Neujahr 1865 die Hoffnung aussprechen konnte, daß das neue Jahr die Verwirklichung ihres Programms bringen werde: bundesstaatlichen Anschluß Schleswig=Holsteins an Preußen unter seinem „Herzog Friedrich VIII."

Und wahrscheinlich wären die Dinge noch lange in dieser Schwebe geblieben, wenn nicht von Seiten der Anhänger des Erbprinzen ein Schritt geschehen wäre, welcher die Nationalpartei nöthigte, zu diesem in einem entschiedeneren Gegensatz zu treten. Zu Ende des Jahres 1864 rief die sog. Siebzehner=Adresse große Aufregung im Lande hervor. Es war der erste Versuch, ein über die Grenze des bundesstaatlichen Verhältnisses hinausgehendes Programm dem Lande zu empfehlen, der Gedanke der völligen Verbindung mit Preußen trat darin ziemlich unverhüllt hervor.

Diese ungewohnte Sprache mußte bei der damals herrschenden Stimmung lebhafte Erbitterung hervorrufen. Am Hofe beschloß man dieselbe nicht unbenutzt zu lassen. Eine so günstige Gelegenheit, der Preußischen Regierung durch eine allgemeine Kundgebung des Volkswillens für den Erbprinzen und gegen die Verbindung mit Preußen die der preußischen Politik im Lande entgegenstehenden Schwierigkeiten deutlich zu machen, kehrte wahrscheinlich nicht wieder. Das Ergebniß war die sog. Vierziger= oder Umschlags=Adresse. Dieselbe ward im Januar von einem kleinen Kreise Eingeweihter festgestellt, und sofort von einer Anzahl ergebener Großgrundbesitzer unterschrieben. Später im ganzen Lande in Circulation gesetzt, erhielt sie die bekannten 60,000 Unterschriften. Die Adresse enthielt das Glaubensbekenntniß der specifisch Augustenburgischen Partei: „Constituirung des Schleswig= Holsteinischen Staates unter seinem rechtmäßigen Herzog Friedrich VIII." Von der Verständigung mit Preußen war keine Rede. Es war der krasseste Ausdruck der am Kieler „Hofe" herrschenden particularistischen Tendenzen, der glänzendste Erfolg der stillen Thätigkeit der erbprinz= lichen Politik während der letzten Monate, hier trat sie in ihrem wahren Charakter zu Tage. Freilich auch jetzt nur für denjenigen, der den Zusammenhang kannte. Außerhalb der Herzogthümer war man vielfach geneigt, sich vor dem „imposant" zu Tage getretenen Willen des Schleswig=Holsteinischen Volkes zu beugen, ohne näher zu untersuchen, auf welche Weise dieser „Wille" zu Stande gekommen war.

In den Kreisen der Nationalpartei war man tief verstimmt. Man hatte wenig Aufrichtigkeit von der Politik des Erbprinzen erwartet, allein man hatte andererseits nicht geglaubt, daß man einen Augenblick, wo es mehr als geboten erschien, endlich nach einer ernsthaften Ver= ständigung mit der Preußischen Regierung zu suchen, dazu benutzen werde, die particularistischen Tendenzen der Massen zum Fanatismus zu erhitzen und so einen Beweis seines üblen Willens zu geben, der in Berlin gewiß nicht mißverstanden wurde. Man hatte es um so weniger geglaubt, als die intimsten Anhänger des Erbprinzen noch unmittelbar vor Erlaß der Vierziger=Erklärung sich in ganz entgegen= gesetztem Sinne ausgesprochen und die Bereitwilligkeit des Hofes zu wirksamen Concessionen gerühmt hatten.

Die Partei durfte sich einer so kecken und unverhüllten particu= laristischen Demonstration gegenüber nicht gleichgültig verhalten. Hielt man es in Kiel für angemessen, mit seinen wahren Absichten so offen hervorzutreten, nahm man so wenig Anstand, der Welt zu zeigen, daß man im Grunde unter der Lösung der Schleswig=Holsteinischen Frage nichts verstände, als die Einsetzung des Erbprinzen Friedrich, so meinte die Nationalpartei, nun auch ihrerseits nicht mit dem Bekennt=

niß zurückhalten zu dürfen, daß ihr die Befriedigung des nationalen Interesses die Hauptsache, die Erbfolge des Erbprinzen Friedrich nur eine durch die Umstände an die Hand gegebene Form der Lösung sei. Dem Triumphgeschrei des Particularismus gegenüber schien es noth= wendig, das nationale Interesse in seiner ganzen principiellen Schärfe hervorzukehren, um der Welt zu beweisen, daß es im Lande noch Männer gebe, die sich von den Meinungen des großen Haufens nicht fortreißen ließen, sondern fest zu Preußen und seiner deutschen Auf= gabe standen. Um diesen Standpunkt energisch zu wahren, reichte, wie die Dinge lagen, Zeitungspolemik nicht mehr aus. Eine geschlossene Partei mit festem Programm mußte der herrschenden Strömung rück= sichtslos entgegentreten.

Erwägungen dieser Art waren es, welche die Führer der National= partei veranlaßten, den Grund zu einer festeren Organisation zu legen, als das Band, welches die Gesinnungsgenossen bisher zusammengehalten hatte. Am 12. Februar constituirte sich die neue Partei in Rends= burg. Das Programm legte, wie es nach dem, was vorausgegangen, nicht anders sein konnte, alles Gewicht auf den engen Anschluß der Herzogthümer an Preußen und ließ die Person des Erbprinzen ganz unerwähnt. Gleichwohl war die Mehrzahl der Parteigenossen nicht der Ansicht oder des Willens, wie vielfach von den Gegnern behauptet und auch von Freunden geglaubt worden ist, sich mit diesem Pro= gramm vom Erbprinzen loszusagen. Die innerlich zwischen ihnen und dem „Hofe" stehende Kluft war durch das Verhalten des letzteren freilich zu einer unübersteiglichen geworden; im Privatgespräch machten die Meisten kein Hehl mehr daraus, daß sie von der Regierung des Erb= prinzen nichts erwarteten, weder für die großen Interessen der Nation, noch für die Sonder=Interessen des Landes. Allein dieser persönliche Standpunkt der Einzelnen involvirte keineswegs eine analoge Stellung der Partei. Diese hatte es für nothwendig erachtet, dem particula= ristischen Taumel entgegenzutreten, und deshalb keine Veranlassung gehabt, das zum Uebermaß betonte Erbrecht des Prinzen Friedrich in ihr Programm aufzunehmen. Sie hatte sich aber eben so wenig in demselben für eine neue Lösung der Schleswig=Holsteinischen Frage entschieden.

Schon sehr bald bot sich Gelegenheit, dies practisch zu bethätigen. Am 22. Februar richtete Herr von Bismarck seine bekannte Depesche

an den Vertreter Preußens in Wien, welche dem Oesterreichischen
Cabinette die Forderungen vorlegte, auf deren Annahme die Preußische
Regierung vor Uebertragung ihres Antheils an den Souverainetäts-
rechten der Herzogthümer bestehen müßte. Dieselben stimmten im
Wesentlichen mit dem Programm der Nationalpartei überein, ohne
daß deshalb, wie behauptet worden ist, ein äußerer Zusammenhang
zwischen beiden existirt hätte. Noch einmal bot damit dem Erbprinzen
sein hartnäckiges Glück Gelegenheit, die schweren Fehler der Vergan-
genheit gut zu machen. Erklärte er sich entschieden für die Preußischen
Forderungen — und bei dem unermeßlichen Einfluß, den er damals
besaß, genügte dies, um auch die öffentliche Meinung dafür zu gewinnen —, so würde man in Wien schwerlich den Muth gefunden
haben, dem gemeinsamen Andringen Preußens und der Herzogthümer
zu widerstehen, und der Erbprinz unzweifelhaft binnen Kurzem anerkannter Landesherr der Herzogthümer gewesen sein. Die Nationalpartei unterließ nicht, hierauf aufmerksam zu machen. Die „Norddeutsche Zeitung" ermahnte dringend zur Annahme der Preußischen
Forderungen. Auf Erfolg rechnete sie dabei freilich nicht. Die particularistischen Leidenschaften, durch die Agitation gegen die Siebzehner-
Adresse bereits erhitzt, waren durch die Bildung einer Partei, welche
aus der Augustenburgischen Erbfolge keinen Glaubensartikel machte,
bis zur Fieberhitze gesteigert worden, und bei „Hofe" hielt man es
nicht mehr für nöthig, mäßigend und vermittelnd aufzutreten. So
unangenehm man einestheils durch den „Abfall" der Nationalen berührt worden war, so fand man doch andererseits hierin die erwünschte
Veranlassung, um endlich aller Rücksichten gegen eine Partei ledig
zu werden, die man längst als principielle Gegnerin betrachtet hatte.
Die Mahnung zur Annahme der Februarforderungen wurde daher mit
den heftigsten Angriffen gegen die Nationalpartei, wie gegen das
von der Preußischen Regierung aufgestellte Programm beantwortet.
In der Delegirten-Versammlung der Schleswig-Holsteinischen Vereine
vom 26. Februar wurden nicht einmal die gemäßigteren Elemente des
seitherigen Ausschusses, geschweige denn die Mitglieder der National-
Partei, welche bis dahin noch im Ausschusse geblieben waren, wieder
gewählt. An ihre Stelle traten die extremsten Particularisten, Advocat
von Neergard und Redacteur May an der Spitze. Diesen fiel fort-

an die Führung zu. Sie benutzten sie, um allenthalben durch die Vereine, wie durch die Presse den fanatischen Preußenhaß zu predigen.

Unter diesen Umständen konnte sich die Nationalpartei nicht länger der Ueberzeugung verschließen, daß eine Versöhnung der Augusten=burgischen Ansprüche mit den Interessen der Nation unmöglich sei, und mit dieser Ueberzeugung war das Band, das die Partei bisher an die Person des Erbprinzen geknüpft hatte, mit Nothwendigkeit gelöst. Die Verpflichtung, welche sie ihrerseits dem Erbprinzen gegen=über übernommen, hatte zu keiner Zeit etwas gemein gehabt mit dynastischen Rücksichten; sie war nur unter der Voraussetzung einge=gangen worden, daß das Interesse desselben mit dem der Nation nicht collidire. Der Erbprinz war mit einem Worte der Partei nie mehr als ein Mittel gewesen und hatte ihren Grundsätzen gemäß nicht mehr sein können. Von diesem Standpunkte, aus dem sie zu keiner Zeit ein Hehl gemacht, war die Partei berechtigt und verpflichtet, sich von dem Erbprinzen loszusagen, sobald er die Bahnen verließ, welche ihm im nationalen Sinne vorgezeichnet waren. Aeußerlich mit dieser Ansicht hervorzutreten, fand die Partei indessen noch keine Veranlassung. Weder war die Situation im Lande dazu angethan, noch schien es rathsam, mit einem Programm hervorzutreten, welches über das der Preußischen Regierung hinausging.

Die Verstimmung über das Verhalten der Particularisten be=schränkte sich indessen keineswegs auf die Nationalpartei der Her=zogthümer, sie machte sich auch in der liberalen Presse Norddeutschlands in so hohem Grad geltend, daß man in Kiel nachdenklich zu werden anfing; die Mahnungen und Warnungen, welche von allen Seiten, selbst aus Süddeutschland, eingingen, der particularistischen Tendenz nicht allzu weiten Raum zu geben, ließen sich schließlich nicht mehr überhören. Man mußte sich überzeugen, daß mit Ausnahme etwa der sog. „Deutschen Volkspartei" und der Staatsmänner der „N. Frkf. Ztg." kein Mensch die Herstellung eines völlig selbstständigen Schleswig= Holsteins, wie es in den ehrgeizigen Träumen des neuen Vereins= Ausschusses existirte, als erstrebenswerthes Ziel betrachtete, und daß man sich zu einigen Zugeständnissen werde verstehen müssen, wenn man nicht Gefahr laufen wollte, die Sympathieen des Nationalvereins und des Sechsunddreißiger=Ausschusses zu verlieren. Man entschloß sich also, Preußen einige Zugeständnisse anzubieten, und am 26. März traten die Führer des Schleswig=Holsteinischen Particularismus mit den Hauptpersönlichkeiten des Nationalvereins und des Sechsund= dreißiger=Ausschusses in Berlin zu einer Berathung zusammen, deren Ergebniß das sog. Berliner Compromiß war. Der deutsche Liberalismus hatte dem nordalbingischen Particularismus keine harten Opfer zugemuthet. Er begnügte sich mit der Versicherung, daß man bereit sei, mit Preußen eine Militair= und Flotten=Convention zu schließen, und fand es vollkommen in der Ordnung, daß die Schleswig= Holsteiner Kraft des „Selbstbestimmungsrechtes der Stämme,“ das zu vertreten der Nationalverein in Ermangelung einer anderen Thätigkeit sich berufen hielt, dies Alles von der Zustimmung der Landesvertretung und des Erbprinzen abhängig gemacht, und die vorher= gehende Constituirung des Schleswig=Holsteinischen Staates als con- ditio sine qua non hingestellt hatten. Von einem praktischen Werthe des Angebots konnte unter diesen Umständen keine Rede sein. Einer der wesentlichsten Differenzpunkte zwischen den Forderungen der Natio- nalpartei und der Anschauung des „Kieler Hofes“ war von jeher gerade der Umstand gewesen, daß die erstere darauf bestand, die Preu= ßischen Forderungen müßten vor Constituirung des Staates ange- nommen werden, während man in Kiel hartnäckig dabei blieb, sie müsse der Bewilligung derselben vorangehen.

Trotz alledem hatten sich die Führer des Particularismus nur höchst ungern zu dem Compromiß entschlossen, sie fürchteten, bei den fanatisirten Massen nur wenig Dank dafür zu ernten. Es zeigte sich bald, daß sie die Stimmung richtig taxirt hatten. Zwar wurde die Abmachung von der nächsten Delegirten=Versammlung der Schleswig= Holsteinischen Vereine gebilligt, aber nur mit saurer Miene. Es er= hoben sich von verschiedenen Seiten mißbilligende Stimmen, welche darin schon ein mit der Würde des Schleswig=Holsteinischen Volkes nicht verträgliches Entgegenkommen fanden. Mit Preußen auf dem Fuße der Gleichheit von „Macht zu Macht“ zu verhandeln, „Alles, aber auch nichts geben zu können“, das war das Ideal dieser Poli- tiker, und dieses Ideal imponirte den Massen um so mehr, je rück= sichtsloser es sich über die bestehenden Verhältnisse hinwegsetzte und der nativistischen Eitelkeit schmeichelte. Unter diesen Umständen sahen sich

die Führer der particularistischen oder, wie man sie damals im Gegen=
satz zur nationalen schon zu bezeichnen anfing, der Augustenbur=
gischen Parthei nicht veranlaßt, der in Berlin übernommenen Ver=
pflichtung, für das Compromiß zu wirken, mit besonderem Eifer nach=
zukommen. Es ist wenigstens nicht ersichtlich, wie sich dies mit dem
preußenfeindlichen Gebahren gerade der Führer und besonders des
Redacteurs der „Schleswig=Holsteinischen Zeitung" hätte vereinigen
lassen sollen. Das Berliner Compromiß hatte in der That nur die Be=
stimmung, den deutschen Liberalismus über die wahren Zwecke der Par=
tei zu täuschen, und diesen Zweck hat es eine Zeit lang wirklich erreicht.
Eine große Anzahl von liberalen Blättern ging in die Falle, und
fuhr fort, eine Politik zu unterstützen, welche thatsächlich im schnei=
denſten Gegenſatz zu den von ihnen vertretenen Grundsätzen stand.

Die „diplomatische Action des Herrn Samwer entsprach
in allen Einzelnheiten der „inneren" Politik, wie sie unter der Ober=
leitung des „Hofes" von den demokratischen Größen der Schleswig=
Holsteinischen Vereine betrieben wurde. Dieselbe Rücksicht, welcher
das Berliner Compromiß seinen Ursprung verdankte, war auch bei
dem Verhalten gegen die Preußische Regierung maßgebend. Man
suchte auch hier den Schein aufrecht zu erhalten, als sei man noch
immer zu einer Verständigung bereit. Herr v. Ahlefeld wurde im
Mai abermals nach Berlin geschickt. Seine Instruction erhielt
gewissermaßen die officielle Antwort auf die Februarforderungen; sie
stimmte im Wesentlichen mit dem Berliner Compromiß überein, war
also für Preußen unannehmbar. Der blind gegen das Ministerium
eingenommenen Nationalvereinspresse genügte sie indessen vollständig,
und darauf allein schien es in Kiel abgesehen. Zu der Einsicht, daß
der preußische Staat die allein maßgebende Macht sei und daß man
sich mit diesem um jeden Preis verständigen müsse, war man in Kiel,
aller Erfahrungen ungeachtet, entweder noch immer nicht gekommen,
oder man trug sich mit unbestimmten Hoffnungen auf eine über kurz
oder lang bevorstehende Systemsänderung, von der man sich die Er=
füllung aller Wünsche versprach. Wie hätte man sonst fortwährend
nach außen Intriguen der feindseligsten Art gegen Preußen spinnen,
nach innen den fanatischsten Preußenhaß schüren können? Wenn man
das Berliner Cabinet in ähnlicher Weise zu dupiren meinte, wie den

naiven deutschen Liberalismus, so war das ein schwerer Irrthum. Man war in Berlin über den üblen Willen des „Kieler Hofes" und seine antipreußischen Machinationen schon längst im Klaren. Ein schon im Frühjahr 1865 an Oesterreich gestellter Antrag, den Erbprinzen von Augustenburg zur Entfernung aus dem Lande aufzufordern, ließ darüber keinen Zweifel. In Wien zeigte man zunächst freilich nicht die geringste Neigung, den preußischen Wünschen nachzukommen. Der österreichische Civilcommissair Herr v. Halbhuber stand sogar in der engsten Verbindung mit der Augustenburgischen Partei, und machte es dadurch möglich, daß jene mysteriöse Mitregierung in's Leben treten konnte, welche der liberale Skepticismus freilich mit größter Suffisance in's Reich der Fabeln verwies, die aber nichtsdestoweniger eine greif= bare Thatsache gewesen ist. Während mehrerer Monate hat der Prinz Friedrich von Augustenburg im Einverständniß mit Oesterreich die Regierung der Herzogthümer thatsächlich in Händen gehabt.

Dieser Umstand war natürlich nicht geeignet, das Selbstgefühl der Augustenburgischen Partei zu mindern und ihr größere Neigung zur Verständigung mit Preußen einzuflößen. Während des Sommers von 1865 war das Thema sogar völlig von der Tagesordnung ver= schwunden. Kein Mensch hielt es mehr der Mühe werth, über den Anschluß an Preußen ein Wort zu verlieren. Desto eifriger war man bemüht, die Anhänger des nationalen Programms durch socialen und geschäftlichen Terrorismus einzuschüchtern oder, wo dies nicht gelang, zu ruiniren. In einzelnen Fällen hat diese Tactik den gewünschten Erfolg gehabt. Ein paar Geschäftsleute, welche sich in ihrer mate= riellen Existenz bedroht sahen, traten öffentlich vom nationalen Pro= gramm zurück. Im Ganzen stand jedoch, soweit es die nationale Partei anging, der Erfolg mit der Anstrengung in keinem Verhältniß. Dagegen ist es ohne Zweifel dem herrschenden Terrorismus zuzu= schreiben, wenn sich die Zahl der Parteigenossen im Laufe des Jahres nicht erheblich vermehrte. An Gleichgesinnten fehlte es keineswegs. Die Anstrengungen der particularistischen Agitatoren, ihre maßlose Kurzsichtigkeit und Selbstsucht hatten Viele, namentlich unter den Wohlhabenden und Gebildeten, der Sache des Erbprinzen innerlich entfremdet und den Anschauungen der Nationalenpartei nahe gebracht. Schon in dem Moment, wo das Augustenburgerthum seine höchsten

Triumphe feierte, hatte der Zersetzungsproceß begonnen. Zunächst wurde das freilich verdeckt durch den äußeren Apparat, mit dem das Augustenburgerthum sich zu umgeben wußte. Ueber dem Lärm der Volksversammlungen und Vereine wurden die dissentirenden Meinungen überhört; wer fremd in's Land kam, empfing den Eindruck, als herrsche noch immer dieselbe Begeisterung für den Erbprinzen, wie im Winter 1864.

Allein auch dieser äußere Triumph sollte nicht mehr von langer Dauer sein. Die nachgerade unerträglichen Uebergriffe der Augustenburgischen Partei veranlaßten die Preußische Regierung im Juli 1865 mit verstärktem Nachdruck in Wien auf Abstellung der herrschenden Uebelstände zu bringen. Anfangs zeigte man sich dort abermals nur wenig geneigt; man stellte das Vorhandensein von Uebelständen in Abrede und wollte von einer Veränderung des status quo nichts wissen. Dies führte zu einer schweren Krisis der preußisch-österreichischen Allianz. Einen Augenblick schien sogar dringende Kriegsgefahr vorhanden, dann gelang es den diplomatischen Bemühungen, dem Zusammenstoß für dies Mal noch vorzubeugen. Am 14. August ward die Gasteiner Convention abgeschlossen.

Von liberaler Seite hat man in diesem Vertrage damals vielfach eine Niederlage der preußischen Politik erblicken wollen. In Oesterreich ist man nie dieser Meinung gewesen, und wer Gelegenheit hatte, die Entwickelung der Dinge in den Herzogthümern seit jenem Tage zu beobachten, der kann nicht darüber in Zweifel sein, daß der Gasteiner Vertrag einen sehr wesentlichen Erfolg Preußens bedeutet. Die Augustenburgische Agitation in Schleswig ist niedergeworfen, eine kräftige und wohlwollende Verwaltung hat in wenigen Monaten eine Beruhigung der Gemüther herbeigeführt, auf welche in den Tagen vor Gastein Niemand zu hoffen wagte. In Holstein dauert die Agitation unter österreichischem Schutze zwar noch fort, allein sie hat keine lebendige Kraft mehr hinter sich; der innere Abfall hat in den letzten Monaten bedeutende Fortschritte gemacht. Eine lediglich auf Schein und Täuschung berechnete Politik, wie die Augustenburgische, konnte nur so lange auf Erfolg rechnen, als es ihr gelang, die Massen in einer Aufregung zu erhalten, welche, ursprünglich in einer großen nationalen Krisis begründet, später künstlich durch Erweckung aller kleinlichen und selbstsüchtigen Triebe der Massen genährt wurde. Mit der Ernüchterung, welche mit Nothwendigkeit auf jede derartige Aufregung zu folgen pflegt, mußte auch der Nimbus des Kieler „Hofes" schwinden, um so mehr, in je stärkerem Gegensatze die energische selbstbewußte Politik des preußischen Cabinets zu der schwankenden zweideutigen Haltung stand, welche man in Kiel von Anfang an eingenommen hatte.

Aber freilich, bei allen Vortheilen, die er bietet, bleibt der Gasteiner Vertrag doch immer nur ein Provisorium, das um so größere Mängel aufweist, als das österreichische Cabinet der Augustenburgischen Agitation in einer Weise freien Lauf läßt, die mit bundesfreundlicher Loyalität nicht wohl vereinbar ist. Hierin liegt für Preußen, das den Gasteiner Vertrag nur als einen Uebergangszustand zu einem Definitivum angesehen hat, ein wesentlicher Grund mehr, auf Abkürzung dieses Provisoriums zu bringen. Wir befinden uns mitten in der Krisis, welche durch dies Verlangen hervorgerufen worden ist. Sie ist viel schwerer und verhängnißvoller, als die vor Gastein; denn es scheint unmöglich, diesmal einen Ausweg zu finden, der es einem von beiden Theilen gestattet, ohne allzu große Demüthigung nachzugeben. Nicht ohne ein neues Olmütz könnte sich Preußen zurückziehen und die Einsetzung des Erbprinzen von Augustenburg als Herzog von Schleswig-Holstein gestatten. Der Bruch mit dem Augustenburgerthum ist unheilbar; denn das Augustenburgerthum ist der Todfeind Preußens, es ist die lebendige Incarnation jener Richtung, welche das mächtigste Reich der Erde zu einem Conglomerat ohnmächtiger Kleinstaaten herabgewürdigt hat. Der Hort dieser Richtung, der starke Schutz, ohne den sie längst dem Einheitsbedürfniß der Nation und ihrem Vorkämpfer, dem preußischen Staate, erlegen wäre, ist Oesterreich, dasselbe Oesterreich, welches heute den Erbprinzen Friedrich auf den Schild hebt. Zwischen solchen Gegensätzen ist keine Vermittelung möglich. Einmal muß es zum entscheidenden Kampfe kommen. Sei dieser Tag nun nahe oder fern, der Nationalpartei Schleswig-Holsteins ist ihr Platz dabei angewiesen. Sie hat längst gewählt zwischen Preußen und Augustenburg; sie wird zu dem Staate der Hohenzollern stehen, dessen Größe und Macht eins ist mit der Größe und Macht des Vaterlandes.